高校实践育人工作研究

王森浩 游良海 著

中国言实出版社

前　言

　　人才培养是高校的神圣使命，实践育人是高校人才培养的重要组织形式。高校人才培养必须坚持立德树人的根本任务。实践育人在高校人才培养中具有重要的教育价值和哲学价值，高校人才培养的目标在于服务实践，而人才培养的过程要求充分地结合实践、依托实践。实践育人在不断提高学生的创新探索精神和解决问题的实践能力方面具有不可替代的作用，对深化教育教学改革、提高人才培养质量具有指导价值。

　　目前不少高校都通过研究性教学和实践性教学的方式来提升课堂教学环节的实践性，从高校开展的校园文化活动来看，尽管多年来高校的校园文化生活不断丰富，但在其发展过程中，仍存在一些问题。由于学生活动的自主性和成员的广泛性等特点，加上实践活动指导能力跟不上等因素，导致一些实践活动品位不高、学生参与不广泛、缺乏必要的规范、物质条件欠缺等现象。此类问题在校内实践活动中的存在，影响了实践育人价值的发挥。从校外的实践活动来看，普遍存在着重形式、抓宣传、轻内涵的现象，不少实践基地安排的实践内容脱离学生生活实际，缺乏既和课堂内容有效衔接又和社会生活息息相关的内容，所开展的实践活动面向的专业较窄，能开展的实践内容有限，往往导致实践活动达不到预期效果。本书立足于我国高校实践育人现状，从不同的角度对高校实践育人工作的开展进行了分析和研究，就高校实践育人活动存在的问题进行了解析，并从多个角度对高校实践育人工作的开展进行了研究，试图对我国高校实践育人工作的开展提供新的建议和思路。

　　本书共分六章对高校实践育人进行分析和研究，分别是：高校实践育人的认识，高校实践育人工作的现状，高校实践育人的目标、形式和原则，高校实践育人的合力机制，大学生实践育人机理分析，高校实践育人的创新发展。

　　作为一本研究高校实践育人工作的专著，本书注重理论与实践相结合，既有对高校实践育人的理论分析，也有对实践育人开展路径的探索，具有较强的实效性。

　　为了确保研究内容的丰富性和多样性，作者在创作过程中参考了大量理论与研究文献，在此向涉及的专家学者们表示衷心的感谢。最后，限于作者水平有限，本书如有疏漏，恳请读者朋友批评指正！

王森浩　游良海

2022 年 6 月

目　录

第一章　高校实践育人的认识

第一节　实践育人概述

"现代大学具备人才培养、科学研究、社会服务和文化传承与创新四大功能。所有这些功能中，无疑以人才培养最为重要，因为其他功能的实现，都必须以'人'为依靠和载体。"①实践育人是高校人才培养和教育教学的重要抓手，有着丰富的理论基础。"实践"是实践育人的核心，即高校通过资源的整合，创造各种具有实践性、导向性、社会性和应用性的实践活动，引导青年学生通过实践活动达到成长成才的目的，逐步成长为具有高尚道德情操、理想信念坚定、基础学问扎实、勇于创新创造和敢于实践开拓的应用型人才。

一、实践育人含义及特征

习近平总书记曾指出："我们的国家要上进，我们的民族要上进，就必须大兴学习之风，坚持学习、学习、再学习，坚持实践、实践、再实践。"②干部要上进，我们的党要上进，我们的青年要成长为国家栋梁，既要读万卷书，也要行万里路，要在实践中加强磨炼、增长本领。学习和实践是青年习得知识、丰富经验的循环。在实践中检验学习成果，锤炼意志品格，养成良好的综合素质，是实践育人的最终目的。

（一）实践育人的含义

实践育人是高校思想政治工作的重要手段和途径，是贯彻党和国家高校育人政策的重要举措。2017 年颁发的《高校思想政治工作质量提升工程实施纲要》明确提出，将实践育人作为"十大育人"体系之一着重

① 王森浩. 基于大学生职业规划下的目标管理实践[J]. 山西高等学校社会科学学报，2014，26（03）：82-84.
② 习近平.在中央党校建校 80 周年庆祝大会暨 2013 年春季学期开学典礼上的讲话[N].人民日报，2013-03-04.

实施，推动高校的理论教育与青年的实践养成相结合，进一步提高高校实践资源整合能力，构建"党委统筹部署、社会广泛参与和高校着力实施"的实践育人协同体系，引导青年大学生在实践中增强实践能力、树立家国情怀。

实践育人是遵循个体成长规律和教育发展规律，以受教育者课堂获得的理论教育知识和间接经验为基础，将实践意识渗透到受教育者生活成长的各方面，充分发挥受教育者的主体作用，引导受教育者利用理论教育知识与生活经验完成特定的目标和任务，从而使受教育者知识水平提升、思想道德品质提高的一种教育方式，以及在此过程中总结形成的科学教育理念和具体可操作的方法。

从理论层面来看，实践育人的核心是"实践"，即通过实践锻炼实现育人效果。根据《高校思想政治工作质量提升工程实施纲要》对实践育人的理解，大学生实践育人实质上是一个协同机制，包括党委的统筹部署、政府的支持推动、社会的广泛参与和高校的着力实施。

从主观层面来看，实践育人的主体是"学生"。应当充分发挥大学生的主观能动性，提升参与实践的自省力与内驱力，强化实践的动力来源，积极投身第二课堂和社会实践。唯物辩证法告诉我们：内因是事物发展变化的根本依据，外因是事物变化发展的条件，外因通过内因起作用。实践育人的过程，是内因与外因共同作用的结果，既要重视外部条件和资源的整合开拓，也要注重学生自身积极主动性的挖掘。

从客观层面来看，实践育人的目的是"育人"。应当联合各大参与主体形成构建实践育人共同体，广泛凝聚力量形成育人合力。政府应营造协同育人的机制和相关方针政策，企业应充分发挥社会效益，给大学生提供更多的实践锻炼平台，高校应做好实践育人的组织策划和实施开展等工作，家庭应配合学校和社会做好家庭实践教育。

（二）实践育人的基本特征

2017 年颁发的《高校思想政治工作质量提升工程实施纲要》指出：实践育人是在党委统筹部署下，政府推动和社会广泛参与，并由高校着力实施的，充分体现高等学校教育立德树人的时代特征。因此，实践育人是以高校为主导、以学生为主体、社会做平台的学生第二课堂活动，与课程育人、科研育人、管理育人、服务育人、组织育人、文化育人、心理育人、资助育人和网络育人等有着本质的区别。主要有以下基本特征。

1. 实践性

实践性是实践育人区别于其他育人功能的本质特征。实践即参与操作，是人们的主观作用于客观的过程，是人能动地改造主观世界和客观世界的活动。一方面实践性体现在实践育人的能动性上，实践育人就是发挥学生的主观能动性作用于客观实践活动；另一方面，实践性体现在实践主体对客观世界改造的客观性。实践性体现在学生在第二课堂中充分参与实践活动，通过实践锻炼、道德养成的发展过程，是师生共同参与的教育实践活动。实践性是马克思主义最重要的理论品质，即坚持一切从实际出发，理论联系实际，实事求是，在实践中检验真理和发展真理。实践育人要求青年大学生参与实践、凸显实践，在实践中成长成才。

2. 社会性

马克思主义关于人的本质理论提出，人就是在自身本质力量的基础上不断与外在世界发生关系，从而促进自身的发展和完善。人的本质理论强调人是在社会实践中不断发展的，社会性是实践育人的重要特征，是实践育人区别于其他育人功能的显著特征。《教育部等部门关于进一步加强高校实践育人工作的若干意见》规定的实践育人形式，具有强烈的社会属性。马克思主义观点认为：社会是人们相互交往的产物，是各种社会关系的总和。实践育人是大学生在参与学校组织的社会化实践活动的过程中实现自身社会化的过程。在实践育人过程中，大学生会广泛接触社会各类事物，大学生在发现问题、认识问题和解决问题的过程中学会与社会的互动，进一步开始自身的社会化进程。

3. 开放性

实践育人的动态过程和结果多样导致其内容和形式具有开放性。实践育人作为一个动态的开放性过程，相较于其他育人形式，其社会性和实践性决定了自身的开放性。实践育人是高校作为桥梁和纽带，主导学生主体参与实践活动，在此过程中需要社会力量的积极参与和共同作用，是一个开放的协同育人体系。实践育人从顶层设计上兼顾了理论教育与实践教育、校内实践和校外实践，在活动形式上实现了教育时间、教育空间、教育内容和师生关系的开放，推动教育实现从封闭到开放的转变。一方面，实践育人可以使学生跳出课堂理论教育的封闭性，根据自身的兴趣爱好和特长选择各种形式的实践活动，在发挥特长的同时接受教育，实现个人的全面发展；另一方面，实践育人可以使高校突破原有的校园文化活动、社团活动的传统安排，带领学生走出课堂、走向社会，在真实参与和体验中涵养道德、规范行为选择，达到实践育人的育人目的。

二、实践育人的科学认识

在对以上几种学说进行批判性继承的基础上，正确认识实践育人，需要把握以下几个原则。

（一）坚持实践育人是遵循马克思主义教育原理的基本要求

广义而言，教育是为了对人的身心发展产生影响的社会活动，教育从本质上来说就是培养人的社会活动，而高等教育的根本使命和本质要求就是人才培养。"实践论"是马克思主义哲学的基本观点，全部社会生活在本质上都是实践的。在马克思看来，实践就是人能动的社会活动，人改造外在世界的同时创造自身价值，并最终实现人的自由而全面的发展。基于马克思主义教育观，实践育人就是通过有目的的实践活动使受教育者与客观世界建立起联系，并在实践过程中不断提高科学文化知识水平和道德素养的实践活动。

（二）坚持实践育人是教育体系中的独立部分

各高校要坚持把社会主义核心价值体系融入实践育人工作全过程，把实践育人工作摆在人才培养的重要位置，纳入学校教学计划，系统设计实践育人教育教学体系，规定相应学时学分，合理增加实践课时，确保实践育人工作全面开展。这说明实践育人作为一种育人方式，在人才培养中发挥着其他人才培养方式无法取代的作用和价值。因此，转变实践育人理念，大力推动实践育人工作在高校育人工作中的开展和应用，对提升高校育人工作的整体效能具有重要的意义。

（三）坚持实践育人是人的全面发展的内在要求

教育的终极使命是实现人的全面发展，个体的成长不仅包括知识结构的丰富和知识水平的提高，更体现为德智体美劳的全面发展，最终实现个体与社会的和谐交融。

实现以上目标，实践教育发挥着比理论教育更加直接和深刻的作用。实践育人并非仅是以培养实践能力为目的的，而是指向人的全面发展的教育理念、教育模式和教育实践的整体。

（四）坚持实践育人是科学教育理念、教育模式和教育实践的统一

实践育人作为完整统一的教育体系结构，不能片面的将其理解为一门课程、一次活动、一种方法或途径。它不仅包括重视实践教育的科学教育理念，而且包括为贯彻落实重视实践教育的科学教育理念而构建的教育教学方法和教育活动形式，是高校人才培养体系的重要组成部分。在这样的统一体中，理论教学与实践教学的二元对立关系传统被突破，实践教学也不再作为理论教学之外的补充内容或环节而存在。实践育人不仅是社会实践活动，而是在教育过程中突出教育的实践性，改变学生在理论教育中被动接受知识的现状，促使学生在接受实践教育的过程中实现自主发展。

三、实践育人的主要类型与功能价值

（一）实践育人的主要类型

根据高校实践育人的开展形式及所要实现的目标，我们把高校实践育人分为引领型实践、教学型实践、服务型实践、认知型实践、创新型实践、职业型实践、自治型实践等七个主要类型。

1. 引领型实践

在高校实践育人过程中，以理想信念教育实践为主，旨在培育大学生正确的信仰观，为大学生树立正确的思想导向，增强大学生责任感和使命感，全面提升大学生思想道德修养的实践活动，我们称之为引领型实践活动。这类实践育人活动主要包括：理想信念和社会主义核心价值观教育活动；重大节日和热点的主题教育庆祝；思想政治素质教育活动；各级党校教育；大学生党员的党性实践锻炼等。

引领型实践是高校针对当代大学生的特点和时代特征，把理想信念教育的目的、内容和社会对大学生个人发展的要求结合起来，为大学生树立正确的思想导向，真正使当代大学生能把个人理想与建设有中国特色社会主义的共同理想相融合，把个人奋斗和建设社会主义现代化强国的奋斗相融合，把大学生的"成才梦""青春梦"与国家的"富强梦""中国梦"结合起来，为实现中华民族的伟大复兴而不懈奋斗。

2. 教学型实践

在高校实践育人过程中，以课堂教育教学实践为主，旨在提升大学生专业发展能力，促进专业知识吸收与转化的实践活动，我们称之为教学型实践。这类实践活动主要包括课堂教学实践活动（课堂讨论、主题论坛、技能型竞赛、模拟活动等），专业实习见习活动，社会调查活动等。

教学型实践是对理论教学的补充和拓展，具有很强的直观性和操作性，包括课堂教学实践、课程设计、社会调查、实验教学、实习和实训、毕业论文（设计）、军训和国防教育等多种形式。教学型实践以开放的、动态的教学场景和状态，使学生作为自主的、独立的活动个体，与社会、生产、自然、人群直接接触、交流，用已有的知识、经验和能力去解决学习、生产和生活过程中的实际问题，并在这个过程中接受信息、接受考验、经受锻炼，使自己的情感、态度、意志、个性、认知水平、自主性、创新性等都受到影响和触动，在原来的基础上得到培养和提高。

3. 服务型实践

在高校实践育人过程中，以各种志愿服务活动为主，旨在培育大学生奉献精神和服务意识，提升大学生的精神境界，丰富大学生业余生活，增加大学生学习机会，促进大学生全面发展的实践活动，我们称之为服务型实践。这类实践活动主要包括各种大型志愿服务、社区科普服务、公益服务活动等。

大力倡导大学生参加志愿服务等公益活动，引导大学生运用所学知识和技能服务人民，奉献社会，培养为人民服务的道德观，弘扬社会主义道德风尚。要拓展社会服务的新领域、新载体、新形式，鼓励大学生参加志愿服务西部计划、贫困地区支教计划、青春红丝带志愿行动等活动。近年来，全国高校认真贯彻落实文件精神，积极组织大学生参与志愿服务、公益活动、社区科普服务等服务型实践活动，在活动中充分发挥实践的育人功能，为培育具有奉献精神和服务意识的新一代大学生做出了积极的探索。

4. 认知型实践

在高校实践育人过程中，以社会考察、文化艺术类实践为主，旨在增强大学生认知能力，提升大学生文化内涵，陶冶大学生道德情操，促进大学生素质发展的实践活动，我们称之为认知型实践。这类实践活动主要包括各种社会考察调研活动、文化艺术类实践活动等。

长期以来，大学生通过学校组织或自发组织社会考察，形成了一些特色项目与品牌活动，加深了对社会的认识，自身的各项能力也获得了提高。各个高校文化艺术实践的内容丰富，形式多样，文化艺术实践的项目品牌多、有特色，大学生参与文化艺术实践的途径多、热情高。

5. 创新型实践

在高校实践育人过程中，以各类创新创业活动实践为主，旨在提高大学生科学精神和创新能力，培养大学生科学精神，变革大学生学习方法，塑造大学生意志品质的实践活动，我们称之为创新型实践。这类实践活动主要包括各类科技创新活动，大学生创业活动等。

我国大学生参与科技创新活动的规模逐步扩大，国家和各高校为学生的科技创新活动提供了基础学术活动平台和多种学术科技竞赛平台。大学生在参与科技创新的过程中既获得了自身的提升，也为社会作出了贡献。为支持大学生自主创业，国家和各个省、自治区、直辖市都出台了多项扶持政策，设立创业基金和创业基地，为大学生提供创业教育和创业服务，取得了不少成效。

6. 职业型实践

在高校实践育人过程中，以职场体验类活动为主要内容，旨在训练大学生和刚刚走出校门的毕业生工作能力，积累大学生和毕业生的工作经验，加速他们的社会化进程，以便谋求和职业共同发展的社会实践活动，我们称之为职业性实践。这类实践活动主要包括勤工助学活动、就业见习活动、挂职锻炼等。

按其参与对象可分为在校大学生参与的职业型实践活动、毕业生参与的职业型社会实践活动以及大学和毕业生共同参与的社会实践活动三类。在职大学生参与的职业型社会实践活动主要包括各种勤工助学活动和挂职锻炼，毕业生参与的职业型社会实践主要包括"大学生村官"计划和"三支一扶"计划，而就业见习活动是大学生和毕业生共同参与的职业型社会实践活动。

7. 自治型实践

在高校实践育人过程中，以各类学生组织、学生生活园区、网络社区等为平台，旨在提升大学生综合素质，提高大学生自我管理能力，增强大学生自我管理意识，促进大学生个性发展的实践活动，我们称之为自治型实践。这类实践活动平台主要包括：高校各种学生组织；学生生活园区；各类网络虚拟社区等。

高校学生组织是由学生组成的自我服务、自我提高、自我管理、辅助教育教学的组织，是高校学生工作链条上的重要一环，它面向全体学生，来自学生，服务学生，维护学校利益，推动学校发展，也充分表达和维护广大学生的实际利益。

（二）高校实践育人的功能价值

高校实践育人不是完成教学计划的某一特定环节，而是一个多环节的系统工程，是全面培养人才过程中贯穿始终的、不可或缺的有机组成部分。社会、学校、学生三方有机结合组成了实践育人的共同体，构建了互需、互惠、互联的多赢合作机制。在这个过程中，大学生是实践育人参与主体，高校是实践育人的实施主体，社会是实践育人的实践载体和最终受益者。高校实践育人有效地促进了大学生的成长成才和全面发展，促进了高校的改革发展和功能实现，促进了社会繁荣昌盛和国家创新发展。

1. 有效促进大学生成长成才和全面发展

教育的过程，既是教育者"传道、授业、解惑"的过程，也是受教育者将教育的要求和内容内化为理想信念与价值追求，外化为道德实践与行为选择的过程。而这"传道——内化——外化"的客观过程中，如果没有受教育者切身的实践与再实践，是不能完成的。高校实践育人促进了大学生的思想品德教育、提高了大学生的综合能力、促进了大学生的社会化进程，是大学生的成长成才与全面发展的新理念、新模式和新实践。

（1）加强大学生的思想品德教育。参与实践与行为选择是学生思想品德形成的关键因素与环节。苏联著名教育家马卡连柯认为劳动是教育的根本因素之一，法国的思想家迪尔凯姆认为道德教育其实质就是社会教育。我国各地开展的实践也充分证明了高校实践育人对于加强大学生思想品德教育的重要作用。

高校实践育人有利于强化大学生服务国家社会、服务人民的责任感和使命感。高校实践育人是大学生将自身价值与祖国命运紧密相连的重要途径，是了解国情的课堂和锤炼意志的熔炉。通过积极投身于社会实践，在改革、开放、发展的浪潮中感受时代的脉搏，大学生加深了同人民群众的血肉联系，增强了社会责任意识、国家荣誉感和历史使命感，树立了科学的世界观、人生观和价值观，正确引导和规范了自己的思想和行为。更为可贵的是，大学生激发了学习主动性和积极性，开始思索如何通过自己的努力和学习，在未来能够为国家建设、社会发展贡献自己的力量，创造"有信念、有梦想、有奋斗、有奉献的人生"。

高校实践育人有利于塑造大学生健全的人格。高校实践育人可以塑造大学生健全的人格，锻炼大学生百折不挠的意志、顽强拼搏的精神、宽广包容的胸怀、乐观向上的心态。个体品德和健全人格的形成需要在具体、真实的情境和处理人与社会关系的过程中得以体现与升华。在高校实践育人过程中，一方面，大学生能够全面了解社会，正确认识国情，在实践过程中培养自主意识，培养思辨能力，提高自己发现问题、分析问题并寻求解决问题的能力，并对自身的人生、理想、前途和责任等问题进行再思考；另一方面，大学生参加社会实践活动，需要与形形色色的人和事打交道，克服各种各样的困难，这些都给学生带来不同的挑战。在征服挑战，完成实践任务的同时，大学生也在不知不觉中养成良好的道德品质和健全的人格。同时，社会实践还可以帮助大学生将所学的理论知识应用到实践中，将丰富的感性经验和理论思维结合起来，培养和提升大学生良好的生活态度和精神境界。

高校实践育人有利于磨炼大学生的意志品质。一方面，高校实践育人为大学生提供了消除本领恐慌、社交胆怯、生存焦虑等不良心理状态，锻炼心理素质和心理承受能力的机会。另一方面，高校实践育人是大学生磨炼意志的大考场、历练能力的大课堂。在实践育人中，经常会遇到各种矛盾和问题。大学生必须以满腔热情投入工作，以百倍勇气战胜困难。通过学中干、干中学，大学生提高了与他人沟通的能力，赢得了理解与尊重。同时，大学生进一步认识了自我，发展了自我，完善了自我，提高了对环境的适应能力，提升了心理成熟度，形成了全面看待问题的做事风格。

（2）提高大学生的综合素质能力。学习是成长进步的阶梯，实践是提高本领的途径。青年的素质和本领直接影响着实现中国梦的进程。实践环节为大学生提供了学以致用的途径，是将知识转化为能力的桥梁，是大学生改造主观世界、实现自身全面发展的根本。

高校实践育人有利于大学生养成学以致用、终身学习的学习态度和学习能力。一方面，大学生注重学以致用，在社会主义现代化建设的大熔炉中，将书本知识与实践经验结合起来，将扎实学问与厚实见识结合起来，将理论学习与实践探索结合起来，从实践中汲取营养、检验知识、丰富阅历，从实践中思考、体验、感悟、提升，领悟"学什么、怎么学"，既打牢基础知识又更新知识，既钻研理论知识又掌握专业技能。另一方面，高校实践育人可以养成大学生主动参与、主动实践、主动思考、主动探索和主动创造的学习态度和学习能力。大学生通过参与实践能够适时有效地调整自我发展方向，提高自身行为与发展的自觉性，并通过对所学知识的运用和思考，自觉调整和完善自己的知识结构，培养和健全自己的心理素质和能力素质，将学习作为首要任务，作为一种责任、一种精神追求、一种生活方式，树立梦想从学习开始、事业靠本领成就的观念，让勤奋学习成为青春远航的动力，让增长本领成为青春搏击的能量。

高校实践育人有利于大学生提高创新实践能力和就业创业能力。通过实践育人，在实践中发现新知、运用真知，在解决实际问题的过程中增长才干，不断提高实践能力、创新创业能力，切实掌握建设国家、服务人民的过硬本领，为走上社会、成就事业打下坚实基础。同时，大学生了解到倾向的职业与自己专业知识结构之间的差异，从而去弥补所需的知识，以便以后能够更好地胜任工作，这样拓宽了大学生的知识面，优化了知识结构，提高了教育的质量。

高校实践育人有利于大学生培养良好的团队合作能力。在现代社会，单靠个人能力来解决重大问题的可能性已经微乎其微，更多的成果要靠"集体大脑"，而创新型人才将以一种团队的形式体现出来。高校实践育人可以有效地把学校教育与社会教育连接起来，成为学校教育的社会延伸和素质教育的重要载体。大学生在实践中学习，在学习中实践，可以培养团队之间、师生之间、成员之间的沟通协作能力、组织协调能力、管理领导能力、创新创业能力等。在这一过程中，大学生既可以体会到互相帮助、互相学习的益处，提高他们共同解决问题的能力，又可以通过自我驱动、自我认知、自我评价、自我调控等积极反应，将外在知识与能力要求内化成自身素质，并通过自身努力完成外化过程，不断推动自身的全面发展，不断提高实现中国梦所必需的综合素质和综合能力，成长为国家和民族的栋梁。

（3）加速大学生的社会化进程。社会性是人的根本属性。教育要解决的是作为"个体"的人的个性发展与社会发展的要求之间的矛盾问题。高校实践育人是根据高等学校的教育目标的要求所设计和构建起来的理论和实践模式，高度契合了"促进人类生命个体健康成长，实现生命个体由自然人向社会人的高度转化"这一教育本质。它有利于培养大学生的创新实践能力和就业创业能力，加速大学生的社会化进程。

高校实践育人的过程是帮助大学生更进一步接触社会，自觉接受和掌握一定的社会文化、价值理念、规范准则、道德习俗等必要的社会生产知识、生活技能和社会意识，不断走向成熟，从而获得社会承认的过程。一方面，大学生在实践育人过程中可以了解、体验劳动的艰辛和意义，培养大学生的多角色意识，学会人与人之间关系的处理，树立了法规意识、公德意识和社会责任感，实现与社会现实的融合。另一方面，大学生通过参加实践活动，认识社会，认清自己的社会位置，明确自己的历史使命，找出自己的差距和不足，调整和完善自己的知识结构，提高自己认识社会、适应社会和改造社会的各种能力，为担当新的社会角色做好心理准备、思想准备、业务准备和生活准备，缩小高校教育和社会需求之间的差距。

2. 有效促进高校的改革发展和功能实现

实践育人作为一种全新的教育理念，是教育本源的一种回归。高校实践育人是高校教育理论与教育实践的有机结合、课堂学习与生活实践的有机结合、学校教育与社会教育的有机结合、教育育人与实践育人的有机结合，促进高校的改革发展和功能实现，推动高校人才培养模式的变革，促进高校教育教学水平的提高，确保高校培养人才质量的提升。

（1）深化高等教育综合改革。当前，高等教育实现了大众化的伟大跨越，已基本实现了教育现代化的主要任务，已经进入新的发展阶段。在此过程中，迫切需要从单项改革转变为综合改革，从增量改革推进到存量改革，从表层改革深化到深层改革。深化高等教育综合改革不仅能推动高等教育事业科学发展，促进高等教育内涵发展和质量提高，而且对推动我国经济转型升级也具有极为重要的意义。

（2）推进高校人才培养模式变革。提高人才培养质量，培养德才兼备的适应社会需求的高素质人才是高校的神圣使命。随着我国经济社会的转型发展，对人才的需求也发生了相应的变化，实现从人力资源大国向人力资源强国转变是党在新形势下提出的人才发展策略。这使得我国高校的人才培养体系和模式面临着新的挑战和新的发展机遇。高校承担着时代的使命，一直致力于探索适应国家经济结构战略性调整和人才市场需要的人才培养模式。高校实践育人有利于充分利用社会资源，探索校校、校所、校企、校地以及国际合作的协同育人机制，把社会资源转化为育人资源。实践育人的开展让高校更加了解社会环境的客观要求，有效推进了高校人才培养模式改革，发挥教育者和大学生的自主精神，实现育人的创新性和普遍性，为社会输送合格人才，促进社会的进步发展。

（3）促进高校教育教学水平提高。高校是知识创新、传播的主要基地，也是培育创新精神和创新人才的摇篮。在经济全球化深入发展、科技进步日新月异、人才竞争日趋激烈的背景下，社会对劳动力和专门人才的素质要求逐渐提高。一次性学校教育就能满足人一生谋生发展需要的时代一去不复返了。高校实践育人极大地丰富了高校的教学内容，促进了学科建设和教材建设，探索了提高大学生综合素质的实践教学新途径。在以往以教书育人为主体的教学中，理论课教学内容与社会实践往往有一定的距离。因此，高校实践育人通过将实践教学向课外、社会延伸，实现了理论课堂与实践课堂、学校课堂与社会课堂的有机结合来培育人才，达到深化专业技能的目的。同时，高校实践育人的开展进一步推动了教学内容的改革，建立高校教学内容充分反映学科专业研究新进展、相关实践新经验、人的全面发展新需要的长效机制。学生在社会实践中，将在学校里面学到的知识应用到社会实践中的时候，往往会发现学校教育与社会需求两者之间存在的差距，学生将这些问题反馈给学校，学校就可以针对这些问题进一步整合资源，改革教学方法，改善教学内容，调整知识体系，以求学校教育与社会需要相一致。

（4）确保高校培养人才质量提升。教育有其自身的发展规律，只有遵循教育的发展规律，才能最终实现人才培养的目标。马克思主义理论关于"实践—认识—再实践—再认识"的过程是不断往返循环的，在循环中达到主客观统一的过程。大学生学习科学文化知识主要途径有间接地从书本上去学和直接地从社会实践中去学两种。学习科学文化知识，仅依靠书本是远远不够的，参加实践才是课堂教学教书育人的有效延伸和深化。实践育人是高校人才培养的一个重要环节，融学校教育、社会教育和学生自我教育为一体。大学生通过实践的锻炼与感悟，将高校的要求变成自己的内在追求，在自我体验的基础上，自觉地对自己的思想行为进行矫正，达到自我教育、实践育人的目的。高校实践育人进一步激发高校人才培养的潜力和活力，突破实践能力这个薄弱环节，形成"教学—评价—反馈—指导"的教学与评价循环管理体系，创新应用型、复合型、技能型人才的培养机制。通过投身社会实践，大学生一方面可以加强学校和社会的信息交流，使大学生有机会运用自己的专业知识和技能，巩固和深化课堂上学到的知识。另一方面，在社会实践活动中把所学的专业知识与生产活动结合起来，将书本知识转化为实践能力，自身综合素质得到全面提升，使书本知识得到了深化和转化，并进一步明晰科学技术发展的方向、把握社会发展的脉搏，始终走在时代发展的前沿。

3. 有效促进国家创新发展和社会繁荣昌盛

高等教育是科学技术转化为现实生产力的必要条件以及民族素质提高的根本途径。作为一项国家工程、社会工程、合力工程，高校实践育人可有效促进社会的和谐稳定和繁荣发展，满足社会对人才发展素养的新需求，引领社会生活的新风尚，促进社会文化的新发展，夯实创新型国家建设的基础。

（1）满足社会人才的新需求。综观当今世界范围的经济竞争、综合国力的竞争，实际上就是科学技术和民族素质的竞争，是人才的竞争。人是生产力诸要素中最活跃、最革命的因素，因而被视为最主要的因素。生产力水平高低的决定性因素不是物的因素，而在于掌握知识、运用知识、创新知识的人的因素，即具有创新能力的高素质人才。高等教育是国家创新体系的主体和核心，是知识经济的起搏器和动力源。大学能够培养经济发展所需要的各种各类型人才，社会按照生产的进程和经济繁荣的要求来从大学获取一切可能的资源。作为一种大学生自主参与、自我教育、自我发展的活动，实践育人是高校为社会培养具有创造精神和实践能力的全面发展的人才的有效载体，也是大学生了解社会、服务社会的有效途径。一方面，大学生以科学的专业知识、庞大的团队保障来投身社会实践，提前将专业技能进行学以致用，极大地弥补社会上对于高层次人才的短缺，创造良好的经济效益、人才效益和社会效益。另一方面，高校结合社会对人才的需求，进一步将教书育人和实践育人工作有机结合，培养大学生的管理能力、沟通能力、创新能力、适应能力和动手能力，既增强其就业能力，又为社会培养大批符合需求的人才。

（2）引领社会生活的新风尚。现代化带给人类高度物质满足的同时，也给我们带来许许多多无可回避的问题：技术至上的盛行、实用主义的膨胀、个人主义的泛滥、人文精神的失落……大学要推广一种价值观念，做知识的传播者。作为知识的集中地，作为保存、传承、传播和创造先进文化的重要场所，大学正在用象牙塔的精神之光来照亮那少为人们所关注到的角落，站在一个超脱的高度来对社会进行判断。大学生是当代青年中最有文化和知识、最具影响力的群体，具有思想观念新、知识结构好、思维活跃的优势。伴随着高校实践育人活动的广泛开展，有效地带动了社会各方面力量的积极参与。许多高校已经构建了具有广泛辐射面和涵盖范围的实践育人体系，实践育人事业不断得到发展。高校实践育人可充分发挥大学生优势作用，有效地承载社会主义精神文明建设这一重任。习近平总书记在全国优秀大学生村官代表座谈会上强调，要推进农村改革发展，迫切需要一大批有现代知识、现代思维、现代眼光的优秀青年才俊投身社会主义新农村建设。全国各地的大学生实践育人的实践深刻地说明，广大学生大力弘扬民族精神、时代精神，积极投身社会公益事业与志愿服务行动，以实际行动倡导健康、文明、科学的社会生活新风尚，有利于在全社会树立奉献、友爱、互助、进步的时代新风，促进大学生个人综合素养的全面提升。

（3）促进社会文化的新发展。传播优良文化也是大学为社会提供的另一种服务。现代社会，科学技术的高度发达在带给人类繁荣的物质文明的同时，也导致了人的异化。人们对完美生活的追求更多地落脚于物质生活，而忽视高层次的精神文化追求。作为精英文化看护人，作为新知识、新思想、新理论的重要摇篮，作为继承传播民族优秀文化的重要场所和交流借鉴世界进步文化的重要窗口，大学像一座灯塔，以其独特的舍我其谁的精神气质而引领人们超越时代和社会的局限，以理性的批判精神秉烛现实，以科学的前瞻意识谋划未来，以大无畏的精神和勇气开拓新的时代。因此，在参与实践育人的过程中，作为"象牙塔"精英的大学生具有思想观念新、文化水平高的优势，一方面要通过社会实践增长才干、锻炼毅力、培养品格；另一方面也要身体力行，成为争做走在时代前列的奋进者、开拓者、奉献者，以执着的信念、优良的品德、丰富的知识、过硬的本领，不断传播新知识、新理论、新思想，不断促进社会先进文化的繁荣与发展。

4. 夯实创新型国家建设的基础

创新型国家是指以技术创新为经济社会发展核心驱动力的国家。创新型国家建设是实现中华民族伟大复兴的中国梦的战略需要，是知识经济时代保持国家持续繁荣富强的必然选择。推进创新型国家建设，必须以提升国民的创新素质和创造力素质为基础，以提高创新型人才的数量和质量为核心。特别是具有创新精神和能力的人才，他们是创新型国家建设的设计者、实践者和组织者，是自主创新、模仿创新和联合创新的主体。而国民素质的提高和创新型人才的培养在于教育。高等教育改革和发展的终极目标在于激发和引导大学生成长的冲动，激发和引导个体创造性冲动使其得到自我发展。高校实践育人的开展有利于建立多元多维实践教育评价机制，实现人才培养由标准统一的"授受式教育""记忆力教育"变革为自由发展的"引导式教育""创造力教育"的人才培养模式，进一步提高适合创新型国家需求的创新型人才的质量和数量。同时，高校实践育人体系的建设与完善，为全社会提供了一个普及创新精神和宣传创新理念的平台，推动创新文化内化为人们实践活动的内在驱动力，使国民具有积极创新的精神状态和思想风貌。

第二节　高校实践育人的理论基础

实践是知识的来源和发展的源泉，是主观见之于客观的活动。古今中外先贤学者关于实践育人有着丰富的论述。本章从实践育人的理论指导维度出发，梳理马克思主义实践观的基本理论，以期为高校实践育人工作提供理论支撑和思想借鉴。

一、实践育人的马克思主义哲学基础

马克思主义认为，全部社会活动在本质上是实践的。实践是人能动地改造客观世界的对象性活动，首先表现为人与自然之间的物质交换；由于在人与自然的物质交换过程中必然与其他人发生社会关系，进而又表现为人与人之间的交换活动；上述社会活动所形成的结果在人的头脑中以观念的形式客观存在，作为规律支配着人的后续活动，并通过支配后续社会活动实现了现实存在，表现为实践基础上的人与自然的观念交换。上述三个层次的交换论述，体现了能动性、自由性、创造性与现实性、客观性、物质性相统一，也体现了实践的本质。

（一）实践育人的世界观基础

马克思认为，实践的本质是人能动地改造客观世界的对象性活动。实践活动的主体是人，实践活动的客体是自然世界。实践活动的手段是把人的目的、思想、技能等对象化为客观实在，创造出一个自然世界中原本并不具有或者按照自然规律无法产生出来的事物。在这一过程中，主体的活动一方面要受到客体在环境、资源等各方面的制约，另一方面又可以通过自身自觉的活动来突破客体的制约，自主能动地超越和改造客体。伴随着实践这一过程，产生了主体的对象化和客体的非对象化这一双向运动，搭建起了人与自然相互作用的桥梁。

主体的对象化是指人通过实践活动将自身的本体目的、思想、技能等转化为对象物，创造出一个自然世界中原本并不具有或者按照自然规律无法产生出来的事物。它实现了主体的体力和智力物化、积淀到客体对象中，转化为现实存在。主体的对象化是人类所独有的活动，"动物不能在自然界打下它们意志的印记"①。这一过程集中体现了人类主动和能动地认识和改造世界的实践特点。客体的非对象化是实践中的另一类作用形式。它是客体由原本的现实存在的物质形态转变为主体结构的一部分或者主体本质力量的因素，是人类理解、消化和利用实践成果的一种形式。主体对象化实现了人类实践成果的外在积累，将实践成果固化为现实存在的物质形态；而客体非对象化实现了人类实践成果的交换、传递、继承和发展，通过社会遗传方式不断地丰富和发展人类文明成果，提高主体认识和改造客体的能力。

实践活动中主体的对象化和客体的非对象化这一双向运动，构成了马克思主义实践观的基础，赋予了实践在世界观层面的意义解读。基于这一双向运动，世界二重化为自在世界和人类世界。自在世界是人类产生以前和人类活动尚未触及的世界，如人类尚未触及的极深海洋世界和外太空世界。人类世界是人类所生活、创造、改造的人化自然和人类社会，与人类的文明进程紧密相关。

（二）实践育人的方法论基础

毛泽东指出："我们不但要提出任务，而且要解决完成任务的方法问题。我们的任务是过河，但是没有桥或没有船就不能过。不解决桥或者船的问题，过河就是一句空话。不解决方法问题，任务也只是瞎说一顿。"②这完美地解释实践育人的方法论基础，是科学回答实践为什么能育人、实践如何育人的前提。从方法论角度出发，思考实践为什么能推动人的思想道德进步和全面发展，至少有以下三个方面的解读。

实践是人的主观与客观相互联系的桥梁。只有在实践中，人的主观世界与客观世界才能相互联系、相互作用。毛泽东指出："无论何人要认识什么事物，除了同那个事物接触，即生活于实践于那个事物的环境中，是没有法子解决的。"③毛泽东揭示了人类主观世界对客观世界的准确反映只能来源于实践，而这一反映也归根到底将应用于实践中进行检验这一朴素原理。依托于实践这一桥梁，人类对客观世界的主观认识不断深化，同时又更好地推动了客观世界的改造和发展。主客观相互联系、相互作用的这一

---

① 中共中央马克思恩格斯列宁斯大林著作编译局. 马克思恩格斯选集（第 1 卷）[M]. 北京：人民出版社，1995：57.
② 毛泽东. 毛泽东选集（第 1 卷）[M]. 北京：人民出版社，1991：139.
③ 毛泽东. 毛泽东选集（第 1 卷）[M]. 北京：人民出版社，1991：286.

过程，推动了人的发展、进步。

实践是教育主体与客体交互作用的基础。就教育活动而言，人作为教育活动的对象，是教育的客体。但与此同时，人也是教育的主体。因为人是教育和环境的产物，"环境正是由人来改变的，而教育者本人一定是受教育的"[①]。人和环境在实践的过程中相互作用、相互影响的这一能动的实践活动，实现了教育主客体的辩证统一，使得人不单作为教育的客体，实现了自身的成长和发展，还作为教育的主体，在更广阔的范围内来教育和影响包括自身在内的他人。

实践是德育与智育相互促进的基础。实践作为人类认识的来源和认识发展的动力，推动了人类认识成果的极大丰富，帮助人们不断掌握改造自然的新技能，是"育智"过程。同时，实践还是"育德"的过程，并实现了德育与智育的紧密结合与相互促进。马克思指出："在再生产的行为本身中，不但客观条件改变着，而且生产者也改变着，他炼出新的品质，造成新的力量和新的观念，造成新的交往方式，新的需要和新的语言。"[②]再生产的实践过程，不仅改造了物质财富等客观条件，还锻炼了生产者新的品质、新的观念、新的需要，推动着人们以新的交往方式进行互动，实现了改造自然与改造自我、改造智力因素与改造非智力因素的相统一。基于这一认识，马克思鲜明地提出："体力劳动是防止一切社会病毒的伟大的消毒剂。"[③]德育和智育紧密结合在一起的实践活动，是实现人的全面发展的根本途径。

检视马克思主义实践观与育人之间的联系发现，马克思主义对实践在世界观和方法论层面的解读回答了实践为什么能育人、实践如何育人的问题。主体的对象化揭示了育人的过程，客体的非对象化提供了育人的材料，主体的对象化和客体为非对象化一起不断地丰富和发展了人类的文明成果，提高了主体认识和改造客体的能力。继而通过实践活动，将人的主观世界与客观世界相互联系、教育活动的主体与客体交互作用、德育与智育相互结合促进，实现了人的思想道德进步乃至人的全面发展。

---

① 中共中央马克思恩格斯列宁斯大林著作编译局. 马克思恩格斯选集（第1卷）[M]. 北京：人民出版社，1995：59.

② 中共中央马克思恩格斯列宁斯大林著作编译局. 马克思恩格斯选集（第8卷）[M]. 北京：人民出版社，2009：145.

③ 中共中央马克思恩格斯列宁斯大林著作编译局. 马克思恩格斯选集（第31卷）[M]. 北京：人民出版社，1972：538.

二、人的全面发展理论

人是人类世界最核心的主体因素。人的全面发展既是人类生存的基本要求，也是推动人类社会生产关系变革、向更高层次社会发展的本质要求。马克思站在人的本质是一切社会关系的总和这一论断的基础上提出人的全面发展理论，认为人的全面发展的实现必须在实践中完成，社会实践是实现人的全面发展的根本途径。

（一）人的全面发展理论的历史回溯

人的片面发展始于原始社会末期的劳动大分工，由于历史社会条件和人类发展阶段的限制，进行劳动大分工是生产力发展到一定阶段的产物，人的片面发展并没有表现出其明显的弊端，反而由于生产工具的落后，熟练的手工业者觉到较好的待遇和追捧。但在近代产业革命过程中，人的片面发展越来越成为严重的社会弊病，制约了现代社会生产力的发展和社会文明的整体进步，人的全面发展开始得到隐约的认识和探索。

文艺复兴时期，人文主义者通过对神权、人权的反思，争取实现人的身心和谐发展，这一时期属于人的全面发展思想的萌芽阶段。这一阶段的人文主义者们高扬反对中世纪神道主义的大旗，不再盲目迷信基督教会宣扬的神学思想，不再认同人在神面前无知、无助和无能，试图彰显个体的价值、地位和思想。他们提出作为神和兽中间的一种存在，具有理性的人可以顺从自我的意欲决定自身行为，推崇古希腊时代"身心既善且美"的传统，追求人的身心和谐发展。人文主义者的上述主张中包含有人的全面发展的意向，带有生动活泼的气息，打破了中世纪沉闷的宗教思想氛围。但是，因为他们试图实现身心和谐发展的途径是复古的，这一途径又重新把他们引入了过度崇古的烦琐主义牢笼，身心和谐发展只能成为美好的期望。

17世纪和18世纪启蒙思想家基于各自国家特定的历史条件，围绕身心和谐发展这一价值目标进行了更为积极、更为深度的探究。这一时期属于人的全面发展思想的启蒙阶段。英国思想家洛克基于一个理性动物的高贵美善身份这一人性定位，主张人的一切行为应该依据绅士的标准来培养。法国启蒙思想家卢梭提出了"自然人"的构想。他所构想的自然人"为自己而生存，只依赖于自己和按照自己的爱好而生活"。自然人的培养依赖于教育与劳动相结合。斯宾诺莎、霍布斯、洛克等人提出和发扬光大了"天赋人权"论，认为人的生命权、自由权和幸福权是不可转让的基本自然权利。启蒙思想家们提出了一些在当时条件下充满闪光点的观点，但总体上仍然没有关注和把握住人类最基本的实践活动——生产劳动这一核心来探讨人的发展。亚当·斯密是这个时代敏锐洞察到工场手工业造成人的畸形发展的先知之一。他发现由于分工的细化，使得劳动者一生消磨于少数单纯的重复操作，而没有机会运用个人智慧来解决复杂问题，进而影响劳动者的智力养成，造成了劳动者的畸形发展。但亚当·斯密在发现这一现象后基于其特定的阶级立场，并没有追求人的全面发展，而只是提出在改良文明的社会中政府必须加强国民教育防止劳动者智力的完全萎缩，以期不让劳动者失掉努力的习惯。

19世纪，圣西门、傅里叶和欧文等空想社会主义者开始从人的全面发展视角思考人的发展问题，进入了人的全面发展理论的探索阶段。与文艺复兴时期人文主义者和启蒙思想家相比，空想社会主义者们的主张实现了以下几个方面的突破。

首先，第一次提出了人的全面发展本题，他们正视人的片面发展所产生的危害，厘清了片面发展与全面发展的区别，首次提出人必须追求全面发展。其次，与之前学者流派谈到人的发展多是指单个人的发展相比，空想社会主义者们旗帜鲜明地谋求实现全体社会成员的普遍发展。无论是卢梭的"自然人"，还是亚当·斯密的"经济人"，所关注的都只是孤立的个体，而欧文提出，个人应该在周围一切人得到高度康乐和幸福的基础上，保证自己得到康乐和幸福。部分空想社会主义者甚至意识到，他们所需要谋求的人的全面发展主要是着眼于广大工人阶级实现全面发展。在关注对象由个体上升到群体，考察视角由个体的发展上升到群体的共同发展之后，空想社会主义者们提出了超越整个时代的真知灼见。他们谋求通过普遍义务教育与普遍生产劳动相结合等来实现全体社会成员的共同发展。最后，与之前主要是从人性视角和上层建筑改良来谋求人的全面发展相比，空想社会主义者们视线下移，从社会经济制度限制人的全面发展视角，洞察出旧的劳动分工弊端，发现由于资本主义经济制度和劳动分工带来劳动者畸形发展，进而对资本主义制度开展了冷静的、深刻的分析和鞭笞。虽然他们并非全部赞成废除资本主义制度，但这一立场使得他们毫不犹豫地成了工人阶级的代言人，同情工人阶级这一受苦最深的阶级，谋求"参加一项或者多项工作""变换工种"等改良措施。圣西门甚至宣告他努力的最终目的是工人阶级的解放。这一阶级立场是亚当·斯密等学者无法企及的。令人遗憾的是，空想社会主义者没有找到资本主义弊端的根源，也没能从制度消灭的层面来谋求工人阶级的解放和确立新的社会制度。因此圣西门、傅里叶和欧文等关于实现人的全面发展的举措只能成为时代星空中的点点繁星，闪耀着智慧的光亮，却注定不能成为照亮寰宇的恒星，发出强烈的、持久的耀眼光芒。从文艺复兴时期人文主义者到 17、18 世纪启蒙思想家，再到 19 世纪圣西门、傅里叶和欧文等空想社会主义者都没能科学而深刻地洞察到人的全面发展的本质内涵，直到马克思提出："人的本质不是单个人所固有的抽象物。在其现实性上，它是一切社会关系的总和。"①马克思关于人的本质的这一论断如恒星升起，阐明了洞察人的本质，必须揭示社会关系的奥秘，这确立了人的全面发展理论新的出发点。

（二）人的全面发展的多维性

马克思和恩格斯把人的全面发展赋予了新的含义，实现了真正意义上的全面发展，它包括但不限于打破了片面发展限制的全面发展，实现了与自由发展相协同的全面发展，实现了人的全面发展、自由发展与普遍发展相结合。

1. 人的能力的全面发展

马克思在《德意志意识形态》一文中说："任何人的职责、使命、任务是全面地发展自己的一切能力。"②人的能力是一个人的本质力量的公开展示，人的能力的全面发展既是实现人的全面发展的题中之意，也是实现人的其他方面全面发展的重要基础。无论是在何种经济制度或者何种社会关系之下，人的全面发展首先表现为人的能力特别是劳动能力的发展，并以此为基础促进人的全面发展。再者，人的能力是一个综合的概念，包括人的劳动力（体力和智力）、社会力、潜在力和寻善求美力等构成要素。追求人的能力的全面发展，应该是上述诸要素的协同全面发展，既要实现各单项能力要素的提升，同时要把握好能力要素间相互包含、相互联系、相互作用的关系，追求各种能力要素间的互促共进。

2. 人的个性的全面发展

与文艺复兴时期人文主义者的主张相比，马克思恩格斯并不是摒弃了从人性论视角来奢谈人的全面发展，而是超越了人性论来洞察如何实现人

---

① 中共中央马克思恩格斯列宁斯大林著作编译局. 马克思恩格斯选集（第 1 卷）[M]. 北京：人民出版社，1995：60.
② 中共中央马克思恩格斯列宁斯大林著作编译局. 马克思恩格斯选集（第 3 卷）[M]. 北京：人民出版社，1960：330.

的个性全面发展。他们认为："表现本身真正个性的积改力量才能获得自由"
"每一个人都需要必要的社会活动场所来显露他的重要的生命力"。①他们
认为个性是个人的特殊性，这一特殊性有时表现为优势、特长和独特兴趣。
为每个人的生命力显示提供必需的场所和时间，不仅能彰显个体的生命意
义和价值，同时有助于其他人的个性发展和社会成员整体的全面发展。当
然，真正合理地为劳动者个性得到自由发展腾出时间的方式"并不是为了
获得剩余劳动而缩减必要劳动时间，而是直接把社会必要劳动时间缩减到
最低限度"②。

3．人的社会关系的全面发展

马克思认为，人的全面发展必须包括人的社会关系的全面发展，这是
由以下三项原因决定的。

第一，是由人是社会的人这一基本现实决定的。人是一切社会关系的
总和。任何人都是生活在一定的社会关系之中，在社会关系中体现出个人
的社会性和个性。恩格斯指出："只有在集体中，个人才能获得全面发展其
才能的手段，也就是说，只有在集体中才可能有个人自由。"③

第二，生产力的发展为人的社会关系的全面发展奠定了基础。生产力
发展带来社会物质生产的极大丰富及其所伴随的社会关系，导致人的交往
对象增多、交往范围扩大，拓展了人的社会关系的深度和广度，为人的社
会关系的全面发展提供了必要和充分条件。

第三，社会关系的发展程度决定了人的发展程度。马克思发现："社会
关系实际上决定着一个人能够发展到什么程度""一个人的发展取决于他直
接或间接进行交往的其他一切人的发展。"④在马克思和恩格斯的视野中，
社会关系发展与人的发展本质相通，有机相连，不可分割。

4．人的需要的全面发展

马克思认为，需要是人类发展的基本动力，驱动着人们自觉自发地去

---

① 中共中央马克思恩格斯列宁斯大林著作编译局. 马克思恩格斯选集（第3卷）[M]. 北
京：人民出版社，1995：167.

② 中共中央马克思恩格斯列宁斯大林著作编译局. 马克思恩格斯选集（第46卷）[M]. 北
京：人民出版社，1980：218.

③ 中共中央马克思恩格斯列宁斯大林著作编译局. 马克思恩格斯选集（第3卷）[M]. 北
京：人民出版社，1960：84.

④ 中共中央马克思恩格斯列宁斯大林著作编译局. 马克思恩格斯选集（第3卷）[M]. 北
京：人民出版社，1976：515.

创造属于自己的历史。"于是，人才在一定意义上最终地脱离了动物界……一直统治着历史的客观的异己的力量，现在处于人们自己的控制之下了。人们才完全自觉地自己创造自己的历史。"①而要实现人的全面发展，必须实现人的需要的全面发展，伴随着生产力的发展每一个人都能全面提升对需要的认识水平，自觉地、自发地提出并探寻合理的理性需要，并区分不同需要的紧迫程度，让需要驾驭着个体实现人的全面发展。

（三）社会实践促进人的全面发展

包括人的能力、人的个性、人的社会关系和人的需要在内的人的全面发展是人类发展的终极价值目标。马克思在全面考察人类历史发展过程后发现，人的全面发展的实现是一个历史过程，其实现过程离不开高度发达的生产力、丰富合理的生工关系和人的思想意识的高度发展，且这一实现过程必须是在实践中完成的。

首先，生产力是人类创造性实践活动的结晶。任何生产力都是一种既得的力量和以往活动的产物，所以生产力是人们实践能力的结果。生产力的形成过程，世纪上是劳动者利用生产资料改造劳动对象的过程，这一过程是一个实践过程。离开了劳动者的实践，自然界不会主动为人类提供生产资料，人类社会也无法在自然界现存的物质财富的基础上实现发展进步。因此，只有劳动实践才能不断解放和发展生产力，进而为人的全面发展提供物质基础。

其次，社会关系也是人类丰富多样的实践活动的产物。社会关系是人类在劳动生产的过程中形成的客观的物质关系，是伴随着劳动生产所形成的劳动分工关系、交换关系、产品分配关系和消费关系的总和。这一社会关系形成于生产实践，并随着生产实践的不断深入、物质财富的不断积累、人际交往范围的不断扩大和认知水平的不断提升，进而通过经济基础决定上层建筑的形式发生革命性的变化，在实践中实现社会关系的变革，并使之不断趋于合理。因此，丰富合理的社会关系是人类长期实践活动的产物。

最后，思想意识的发展来源于社会实践。社会存在决定社会意识是马克思主义的基本观点之一。人类的实践过程是一个在革命的活动中，在改造环境的同时也改变着自己的过程，实践不断形成、丰富和完善着人类的认识，是认识的来源和发展的动力。实践在促进生产力和生产关系现实进

---

① 中共中央马克思恩格斯列宁斯大林著作编译局. 马克思恩格斯选集（第 3 卷）[M]. 北京：人民出版社，1995：757.

步的同时，必然推动人类的思想意识和道德水平的提高。教育是人的全面发展的重要途径，它也是一个实践过程，是传授实践活动中形成的经验。提升个体实践能力的活动，对人的思想意识提高起着重要作用。因此，可以认为思想意识的高度发展也依赖和来源于实践活动。

总之，社会实践是实现人的全面发展的根本途径，是个人成长进步和发展的阶梯。马克思的"人的全面发展"学说强调了实践对于人的全面发展的重要意义，认为人的全面发展是一个漫长的历史过程，离不开一定的物质基础和精神基础，而物质基础和精神基础的形成都来源于实践，是人类实践活动的产物。个体实践能力的提升既是人的全面发展的应有之义，也是人的全面发展的现实基础。要实现人的全面发展，必须增强个体的实践意识和提升个体的实践能力。

第三节 高校实践育人的时代依据

我国已进入中国特色社会主义建设的新时代，站在新的历史起点上，高校思想政治教育实践育人工作要展现新气象和新作为。要充分认识新时代做好高校思想政治教育实践育人工作的重要意义，准确把握新时代高校思想政治教育实践育人的具体要求。

一、实践育人是坚持立德树人的使命召唤

2020 年教育部等八部门联合发布的《关于加快构建高校思想政治工作体系的意见》指出，健全立德树人体制机制，把立德树人融入思想道德、文化知识、社会实践教育各环节，加快构建目标明确、内容完善、标准健全、运行科学、保障有力、成效显著的高校思想政治工作体系。

（一）立"理想信念"的德

立德树人的根本任务，强调"德"在德智体美劳各类素质中的首要地位，突出了育人工作的根本在于"立德"，德育在高校的人才培养中居于核心地位，这就关乎"立什么德"的重要问题。

"立德"就是立"理想信念"的德，引导学生培育和践行社会主义核心价值观，增强"四个自信"，厚植爱国主义情怀，在思想政治教育实践活动中加强个人的道德修养，具体包含以下几个层面的内容。

一是"明大德"。首先要培养有坚定的政治立场，能够坚定"四个自信"和坚决做到"两个维护"的接班人，所谓"明大德"，就是要修好对党和国家忠诚的大德，筑牢理想信念，能够在大是大非面前做到旗帜鲜明，这是立德树人的首要内涵。

二是"守公德"。其次要培养有担当精神的时代新人，能够意识到历史与时代赋予当代大学生的责任与使命，能够担当起实现中华民族伟大复兴的中国梦的责任，能够将个人理想信念融入国家社会发展和人民的需要之中，在服务于全面建设社会主义现代化国家的过程中实现自己的个人理想，这是立德树人的关键内涵。

三是"严私德"。最后要培养有道德情操的人，能够严守社会道德规范，不断提高个人品行，将社会道德标准落实到个人的言行操守之中，在实践活动参与中实现"修身"的目的，这是立德树人的重要内涵。

（二）树"德才兼备"的人

树"德才兼备"的人是对"树人""培养什么人"的直接回答。"德"是指道德素质，道德素质决定于人的世界观、人生观和价值观，在现实生活中则表现为讲原则、守底线等。"德"是新时代中国特色社会主义人才的必要前提条件；"才"是指工作能力和业务能力，包括专业理论知识和技术、创新思维能力、解决实际问题的能力等。"德"决定"才"的作用发挥程度和作用方向，"才"支撑着"德"可以发挥出最大效用。要将立德树人的根本任务贯穿于思想道德教育、文化知识教育、社会实践教育等各个环节，培养学生的思想素质、创新精神、实践能力和人文素养，最终培养成为全面发展的有道德有情怀的高素质创新型人才。

二、实践育人是传承家国情怀的责任担当

实现中华民族伟大复兴的中国梦，需要广大青年学生既要有担当奉献精神，又要有浓厚的家国情怀，能够将个人理想和国家民族的前途命运紧密相连，在发展和完善自我的过程中为国家发展建设贡献力量。

（一）家国情怀的历史渊源

家国情怀的核心内涵是"在家尽孝，为国尽忠"，践行家国情怀的途径是修己安身，经邦济世，价值理想是以身报国，建功立业。家国情怀作为个人对家庭和国家的认同与热爱，是爱国主义精神产生的伦理基础和情感

状态，是中国优秀传统文化的重要组成部分，在不同的历史时期有着不同的表现形式。

回顾中华民族的思想发展历程，天下大同的理想早在先秦典籍中就有记载。《大学》中谈到的"修身齐家治国平天下"；岳飞的"精忠报国"；杜甫的"安得广厦千万间，天下寒士俱欢颜"；顾炎武的"天下兴亡，匹夫有责"；周恩来的"为中华之崛起而读书"；习近平总书记的"为实现中华民族伟大复兴的中国梦而不懈奋斗"。家国情怀是中华五千年文明里留下的士大夫们的内心追寻。随着时代的发展进步，家国情怀得到了发展、更新和新的诠释，成为中华传统文化的精髓之一，在提高中国民族的服务奉献意识，增强中华民族的凝聚力、社会责任感和归属感方面都具有重要的时代价值。

可见，家国情怀的具体内涵并非一成不变的，而是随着时代的发展而不断丰富和完善，但其中不变的核心内涵就是"奉献"。奉献的家国情怀强调的是自我情感的觉醒和付出，在高校思想政治教育实践育人的背景下，树立符合时代发展的世界观、人生观和价值观具有强大的思想力量。

（二）家国情怀的实践体现

在高校实践育人中融入涵养家国情怀的教育内容能够让青年大学生自觉融入国家需要当中，对于大学生养成奉献社会、忠于祖国和服务人民的崇高精神具有重要意义。

1. 加深社会认知，激发服务热情

青年大学生在社会实践参与中能够加深自身对社会的认知，充分激发大学生爱国爱民的奉献精神。大学生由于与社会接触较少，对社会认知有限，因此缺少将理论知识转化为实践能力的经验。引导青年大学生走进社区、农村，投身社会，通过支教、志愿服务、社会调研等形式参与社会实践，通过亲身观察、体验和经历，广泛接触不同层次、不同行业的人或事，从而认清社会发展方向和整体趋势，切身体会到祖国的富强繁荣和人民的幸福生活，激发自身投身祖国建设的激情与热情，努力在实践中将自己锻造为社会主义事业的建设者和接班人。

2. 密切服务群众，实现自我价值

大学生在结束大学生活后将步入社会，因此可以利用在校时间，努力锻造自身意志。同时，大学生通过密切联系群众，投身服务群众和祖国建设，可以实现自我价值，收获自我的成长与肯定。大学生参与社会实践，通过帮助他人意识到奉献的价值意义所在，有利于大学生自身的品格成长，可以促进大学生形成正确的世界观、人生观和价值观，充分实现思想政治教育实践育人的社会构想。

3. 奉献个人力量，增强社会责任

青年大学生在社会实践活动中，通过观察、调查和体验感受到了群众的困难，能够引起大学生对国家、社会和人民群众的关怀关切，会促进他们帮助人民群众解决实际困难，甚至会在一定程度上引起社会的关注，形成互爱互助的良好社会氛围。同时，在帮助他人解决实际困难的过程中，大学生能够深刻体悟到自身作为社会成员对于社会发展、进步和完善的责任和义务。通过实践教育引导大学生深入思考服务奉献的精神意义，努力在行动中践行家国情怀，在服务他人、奉献自我的过程中享受过程的幸福感和价值的满足感，增强其对祖国和人民的责任使命感，使得服务奉献的家国情怀继续传承发展。

4. 塑造精神品质，培养建设人才

弘扬中华民族优秀传统文化，用高尚的精神品质塑造国家社会需要的建设人才。中华民族优秀传统文化是中华文明的优良成果，是社会主义核心价值观的基础和源泉。在过去的历史阶段，中华民族的各族人民所呈现出的爱国、服务、奉献的精神品质是高校思想政治教育实践育人的重要教育内容和典型案例，同时可以激励广大青年大学生从中华民族优秀传统文化中汲取精神力量。

在社会主义现代化建设的新要求下，秉承思想政治教育实践育人的理念，在家国情怀的指导和培育下，引导更多青年大学生为中华民族伟大复兴的中国梦而不懈奋斗。

三、实践育人是回应素质教育的现实要求

在高校的多个教育主体中，学生是最关键和最基础的部分。学生是高校建设的基础，因此要将"以生为本"的教育理念贯穿教育教学等各个方面，通过围绕学生、关心学生、关照学生，促进学生的全面发展。

（一）贯彻"以生为本"的教育理念

"以生为本"是一种教育理念，更是一种思维方式。随着大学生群体

变为"00后"，大学生群体的思维方式、性格特点、价值观念等都更加现代化，新时代高校需要应对新形势和新变化，将"以生为本"的教育理念与学生群体的价值取向融合统一。但在当前高校里，"以生为本"的教育理念尚未充分落实，例如，大学的部分授课方式仍采用灌输式教学模式，教师在教学过程中缺乏与学生的交流互动，学生缺少参与感。可见，传统的教育方式仍需进一步与现代教育方式充分融合。

高校应当正确树立"以生为本"的教育理念，学生作为高校建设的基础，要转变学生仅是教育客体的片面化观念，将"以生为本"的教育理念贯穿教育教学全过程，以学生为中心，促进学生全面发展。同时应当完善传统的教育方式，融入更具时代性的教育内容，不断丰富教育形式，使教育的内容更贴近学生实际，教育方式使学生更有参与感，将说教式的理论内容转化为生动的现实体验。

（二）素质教育的时代诉求

21世纪，人才已经成为国家综合竞争力的重要指标，世界各国都十分重视素质教育。所谓素质教育，就是为提升受教育者的思想政治素质、道德水平、创新能力、心理健康等诸多方面的综合教育。国家曾相继出台法律、法规和规章强调素质教育的重要性。

1. 大学生素质教育关系到人才培养的质量

人才培养的一个重要指示标就是职业能力的高低，人才培养质量的直观数据之一就是大学生的就业率与就业质量。受市场经济和经济全球化的冲击，大学生的就业矛盾逐渐凸显。大学生的就业率与就业质量虽然会受到经济形势、国家整体环境等大环境的影响，但关键还是在于大学生个体的素质高低。大学生的素质教育与职业能力成反比，就会影响到高校的人才培养质量。

2. 大学生素质教育关系到高校改革的好坏

高校肩负人才培养、科学研究和社会服务的使命，其中人才培养是关键所在。高校所承担的培养拥有综合素质的人才的责任，高校向社会输送的就业资源的情况反映了高校的办学质量情况。因此，当前如何提高大学生的素质教育是高校突破自身发展瓶颈、深化教育改革的关键。新时代下，高校需要充分掌握大学生群体的新特点，合理设计素质教育的内容，将理论教育与思想政治教育实践育人相结合，努力培育和践行社会主义核心价值观，确保学生成长为又红又专的社会主义建设者和接班人。

3. 大学生素质是教育关系到国家民族的繁荣

"青年兴则国家兴，青年强则国家强。青年一代有理想、有本领、有担当，国家就有前途，民族就有希望。"青年大学生的成长成才关系到国家民族的前途和命运，在经济全球化的背景下，国家民族想要在世界之林立于不败之地的关键就是人才资源的高质量和源源不断。大学生思想政治意识、道德水平和能力素质等都直接影响到国家的整体竞争力。同时，国家的经济发展水平又在一定程度上影响了大学生素质教育的水平。

四、实践育人是开展"三全育人"的重要举措

（一）"双一流"建设需要

高校作为人才培养的重要阵地，是国家科技创新的重要基地，也是国际交流的重要场所。党和国家十分重视高校的发展建设，多年来，先后实施"211 工程""985 工程"以及"优势学科创新平台""特色重点学科项目"等措施，推动我国高等教育发展迈向新台阶。

2014 年五四青年节，习近平总书记在北京大学师生座谈会上提出了建设一流大学的号召。2017 年国务院印发的《统筹推进世界一流大学和一流学科的第一个正式的实施办法（暂行）》，成为"双一流"建设的首个正式的实施办法，从此"双一流"建设步入正轨。2017 年 9 月，一流大学的 A 类 36 所高校，B 类 6 所高校，一流学科建设高校 95 所的名单正式发布。

2018 年 8 月，《关于高等学校加快"双一流"建设的指导意见》正式引发，其中明确指出"推进实践育人，积极构建面向实践、突出应用的实践实习教学体系"。高校思想政治教育实践育人在"双一流"建设背景下取得进步，但离"双一流"的建设要求还存在着差距，其中要着重解决思想政治教育实践育人在思想、平台、内容和队伍方面的协同。当前"双一流"建设应当回归立德树人的根本任务，完善高校的各项设施与配套条件，促进学生的全面发展，为建设社会主义现代化强国提供更多的人才资源和智力支持。

2022 年 2 月，教育部公布了第二轮全国双一流大学名单，共计 147 所大学，在第一轮 140 所基础上新增了山西大学、南京医科大学、湘潭大学、华南农业大学、广州医科大学、南方科技大学、上海科技大学等 7 所高校。

2022 年，教育部发布《教育部 2022 年工作要点》，强调要扎根中国大地、瞄准世界一流，引导建设高校强化学科重点建设，加强马克思主义理论学科建设，实施一流学科培优行动和基础学科深化行动。按照基础研究、

工程技术、人文社会科学人才培养的不同规律和需求标准，完善多元评价体系和常态化监测系统，逐步淡化一流大学建设高校和一流学科建设高校的身份色彩，选择具有鲜明特色和综合优势的高校赋予一定建设自主权，探索分类特色发展模式。开展教育部与各省（区、市）新一轮"双一流"重点共建，加大统筹协调，支持各高校"双一流"建设。

（二）"三全育人"理念的需要

加强党的领导和党的建设，加强思想政治工作体系建设，是高水平人才培养体系的重要内容。2017年12月印发的《高校思想政治工作质量提升工程实施纲要》中提出了构建"全员全过程全方位"一体化育人格局的要求，明确了"十大育人体系"，落实在具体的实践中，需要进一步理清其中的关联逻辑，构建不同主体间互助联动、协调落实机制，确保责任落实。具体来说，需要统筹协调各方资源，共同构建理念、平台、队伍、方向、制度"五位一体"协同育人机制。

1. 促进全员参与高校思想政治教育实践育人

全员参与高校思想政治教育实践育人，参与范围不仅局限于授课的专业教师，还包括辅导员、班主任、党政管理人员和后勤服务人员等。在推动全员参与高校思想政治教育实践育人的同时，还要注重高校思想政治教育实践育人的队伍建设，提高育人队伍的整体素质和育人能力。同时，要在共同参与中实现育人主体间的相互融合，从而形成高校思想政治教育实践育人的合力，共同作用于高校思想政治教育实践育人的过程环节，不断提升各育人主体的理论素养，发挥所有课堂的育人功能，让所有老师、全部课程联动起来，将工作的出发点和着力点统一到构建"主渠道""主阵地"协同育人这一目标上来。充分发挥"第二课堂""第三课堂"以及"网络课堂"的育人功能，进一步增强教师与学生之间的沟通与联系，实现现实课堂与虚拟课堂、课内学习与校外学习有机结合，强化对学生的正确引导。以传承弘扬红色精神为抓手，充分挖掘校内红色文化资源，把握主流舆论导向，通过大学生网络文化节、"青年之声"等大学生喜闻乐见的"微方式"开展网络思政工作，发挥全媒体育人功能，持续唱响网络思想政治教育主旋律，创新推进网络育人。

2. 构建全过程的高校思想政治教育实践育人

全过程育人，主要是强调时间维度上的参与，是指高校思想政治教育实践育人要贯穿学生成长成才的全过程。结合大学生发展过程中的阶段性特征和需要，有针对性地开展高校思想政治教育实践育人活动。例如，大一侧重于思想政治教育、爱校荣校教育和通识教育，结合校史参观学习、党团基础知识大赛等形式开展大学新生的适应性教育；大二侧重于专业素质教育、理想信念教育、生涯教育等，结合生涯规划、主题教育、校园文化活动等形式开展大学生的发展性教育；大三侧重于职业教育、实践能力教育等，通过创新创业大赛、专业竞赛等形式开展功能性教育；大四侧重于择业就业观教育、文明离校教育等，结合毕业典礼、就业能力拓展等形式开展适用性教育。自大学生进校起，按照时间坐标的推移，对大学生进行针对性的思想政治教育实践教育，促进大学生结合阶段性特点和社会需求提升个人综合素质。

3. 推进全方位的高校思想政治教育实践育人

全方位育人，主要是强调空间维度，是指高校思想政治教育实践育人要对学生成长的不同素质方面进行教育引导。教育是个系统工程，需要根据时代发展变化情况完善思想政治教育实践育人的方式、内容、手段，强化各个环节。从大学生成长的角度来看，高校思想政治教育实践育人活动的开展要覆盖大学生的德育、智育、体育、美育和劳育；从大学生成才的角度来看，高校思想政治教育实践育人活动的开展要覆盖到大学生的创新能力、实践能力、交往能力等；从大学生综合素质提升的角度来看，高校思想政治教育实践育人活动的开展要覆盖到大学生的科研、创新、奖助、评优等各个方面。

第二章　高校实践育人工作的现状

中华人民共和国成立之后，我国逐步确立并完善了实践育人的理论体系，并逐步形成了高校思想政治教育重视实践的优良传统，实践育人为高等教育的发展以及人才培养作出了重要贡献，已成为中国特色社会主义教育的重要组成部分。但实践育人是个系统工程，多种因素和多种矛盾影响着其育人实效的显现，进一步深入研究新时代实践育人的工作成效，不难发现其在管理、制度、保障和运行上都存在不足。

第一节　高校实践育人的总体情况

自改革开放以来的 40 多年间，党和国家高度重视实践育人工作，高校中逐渐形成实践育人的价值理念，机制逐步建立健全，实践活动的开展愈加规范，在内容、形式等方面不断丰富，在实践空间和载体拓展方面有了突破性进展，育人效果也进一步凸显。但实践育人是个系统工程，育人实效受多种因素的影响和多种矛盾的冲击，在分析其现存问题时，需要把握新时代实践育人的开展成效、现实挑战和现存问题。

一、我国实践育人的成效

新中国成立以来，我国逐步确立并完善了实践育人的理论体系，并逐步形成了高校思想政治教育重视实践育人的优良传统。实践育人对高等教育的发展以及培养培养社会主义合格建设者和可靠接班人作出了重要贡献，已成为中国特色社会主义高等教育的重要组成部分，回顾实践育人活动的发展历程，主要取得了以下几个方面的突出成效。

（一）地位认知不断深化

1987 年，《中共中央关于改进和加强高等学校思想政治工作的决定》的颁发，明确强调："青年学生在学习科学文化知识的同时，积极参加社会实践，更多地了解国情，了解社会建设和改革的实际，了解人民群众的思想感情，才能树立起为社会主义祖国而献身的信念，逐步锻炼成为有用的人才"①。为贯彻落实中央精神，同年 6 月国家教委、共青团中央颁发《关于广泛组织高等学校学生参加社会实践活动的意见》，明确指出："组织高校学生参加社会实践活动的目的，是让学生接触社会，了解实际，向工农学习，向实践学习，并在力所能及的范围内运用自己所学的知识为社会服务"。以上文件的颁布与实施，表明社会实践按活动在青年成长和高等教育中的地位被重新定位，将大学生实践活动纳入了高校人才培养的重要环节，也是大学生思想政治教育的重要途径。

2005 年中宣部、中央文明办、教育部、共青团中央联发的《关于进一步加强和改进大学生社会实践的意见》对高校社会实践活动的开展进一步明确了要求，首次提出"实践育人"的概念，标志着党和国家对高校实践育人工作的认识进入了较深的层次。

2012 年教育部等国家七个部门共同出台《关于进一步加强高校实践育人工作的若干意见》，明确实践育人的组织领导体系和保障机制，为新时期高校实践育人工作开展指明了方向，全社会对高校实践育人工作有了更加全面清晰的认知，从此也确立了实践育人在高校思想政治教育工作中的重要地位。

2014 年教育部思想政治工作司召开全国高校实践育人工作现场会，总结交流高校实践育人工作经验，研讨了社会主义核心价值观的实践养成路径，推动建立一批青少年社会主义核心价值观实践基地。

2020 年 10 月，教育部发布《深化新时代教育评价改革总体方案》，提出"改进结果评价，强化过程评价，探索增值评价，健全综合评价"的改革要求，明确将大学生社会实践纳入评价指标体系。但由于缺少评价工具、实证数据等，大学生在社会实践中是否提升了能力、能力提升的程度如何、能力提升的路径机制是什么等问题也成了学生成长的"黑匣子"，难以量化评估。如何在实践育人的语境中探索学生增值评价，成为摆在高校面前的一道必答题。同年，由团聚力会同来自教育部社科中心、共青团系统、北京师范大学、西安交通大学、重庆大学、西南交大、华中科技大学、北京航空航天大学、中国政法大学等多位实践育人专家联合完成的《2020年大学生实践育人报告》发布。聚焦实践育人背景下的学生增值评价，依托社会实践"云"平台，对 2020 年暑期 168 所高校的 13 200 多支实践团

① 中共中央关于改进和加强高等学校思想政治工作的决定[N]. 人民日报，1987-5-29.

队、65 000 多名同学的社会实践情况进行了全面跟踪记录，通过实践活动的数据对学生实践收获进行了测量和数字化再现，也使得提升实践育人实效，探索增值评价路径成为可能。

（二）内容载体不断丰富

在新中国成立初期，实践活动是作为高校课堂教育的补充内容被列入了教学计划，包括实习、军训、生产劳动、勤工俭学、社会调查等，但形式内容都较为单一。改革开放以来，社会环境产生了较大的变化，时代需求相应的也产生了变化，实践活动有了较为广阔的发展空间，活动形式呈现多样化的发展趋势，实践内容也更加丰富。1997 年以前，实践教育活动虽然围绕党和国家的中心工作来开展，但始终没有明确的教育主题。1980年，清华大学首次创新大学生社会实践的活动形式，掀起了大学生社会实践形式的探索热潮。20 世纪 80 年代，大学生社会实践教育活动的形式以参观考察和社会调查为主要内容，20 世纪 90 年代末，国家教委、共青团中央在部分重点高校开展中国青年志愿者扶贫接力计划和研究生支教团工作，"中国大学生志愿者扫盲与科技文化服务行动"组织大学生深入农村贫困地区开展支教扫盲、技术培训、普法宣讲、文化扶贫等科技文化类的志愿服务活动，大学生社会实践教育活动开始与青年志愿服务结合起来。1997年，中宣部、中央文明办、教育部、共青团中央、全国学联共同组织实施的全国大中专学生志愿者暑期"三下乡"社会实践教育活动标志着大学生实践教育活动开始走出校园，服务社会。全国大学生积极响应党中央和团中央的号召，将社会实践活动同专业学习、服务社会、勤工助学、就业创业等相结合，开展了涵盖咨询服务、技术培训、挂职锻炼、环境保护、理论宣讲等主题鲜明、符合专业特点和时代需求的社会实践活动，既丰富了实践的内容又创新了形式，相继形成的"三支一扶"等系列品牌项目，创新大学生参与社会实践活动的载体。大学生参与社会实践的积极性持续高涨，参与社会实践的人数越来越多，参与社会领域的范围越来越广，参与方式一从学校组织走向自发和自觉。

为推进实践育人特色工作，各地高校广泛开展师生社会主义核心价值观主题活动。学校用好重要时间节点，因时因势创新教育载体和方法，将旗帜鲜明强化引领和春风化雨涵育铸魂结合起来，用好清明、"五四"、校庆、"七一"、国庆、烈士纪念日等重要节点，开展爱国主义和理想信念教育，以生动的形式和沉浸的方式更好地发挥出先烈先辈和身边榜样事迹精神的感召力、引领力。如在清明节和烈士纪念日，举行缅怀英烈主题活动，讲好革命烈士的故事。开展阅读"四史"活动并组织"四史"知识竞赛，使同学们"不忘初心、牢记使命"，知史爱党，知史爱国；抗疫期间，组织"抗疫同心、青春同行"等志愿活动，为抗击疫情贡献自己的力量等实践活动，不断丰富实践育人主题。

（三）保障机制日益完善

制度是关系到根本性和方向性的重要内容，健全的工作制度是所有工作顺利持续开展的前提和基础。实践育人作为一个涉及面广的系统性工程，建立与之相适应的科学完善、适应时代需要的工作机制是必须面对和解决的。新中国成立之初，政务院《关于实施高等学校课程改革的决定》（下称《决定》）指出，应有计划地组织学生实习参观，并将其作为重要的教学内容。《决定》还对社会实践的任务、原则和方法进行了具体规定，保障了当时大学生社会实践的顺利开展。改革开放以后，随着大学生社会实践活动的逐步深入，高校组织学生社会实践的工作机制也在探索中逐步趋于规范和完善。

大学生社会实践活动发展历史上的标志性文件《关于广泛组织高等学校学生参加社会实践教育活动的意见》，将高等学校学生在假期和课外参加实践活动纳入学生全面发展的考核内容，对实践活动的领导机制、组织开展和内容目标都做了规定部署，建立起大学生参与社会实践活动的考核机制。《关于广泛深入持久地开展高等学校学生参加社会实践活动的意见》对学生参加社会实践活动做了学时和学分的规定性要求，并要求将大学生参与社会实践活动的成绩纳入学生的综合评价体系，作为对学生评奖评优、深造推免的重要参考依据。随着党和国家对实践育人认识的逐步深入，还将其纳入高校办学水平评估的指标体系、高校党建和本科教学评估体系，实践育人的组织领导和保障机制进一步发展完善。中共中央、国务院《关于进一步加强和改进大学生思想政治教育的意见》（下称《意见》）强调"社会实践是大学生思想政治教育的重要环节，要探索建立实践育人的长效机制，建立多种形式的投入保障机制"。在《意见》的指导下，各级政府和高校积极探索实践育人的长效机制，将社会实践纳入学校的人才培养方案和教学大纲，规定相应的学时和学分，予以经费支持，确保所有学生都能受到实践锻炼。广泛与专业学习、社会服务、勤工助学、择业就业、创新创业相结合的运行机制体制，建立健全能够贯穿实践活动全过程的，涵盖宣传动员、教育培训、组织实施、运作管理、考核评价和奖励激励的规范性制度，工作机制逐步系统化、制度化和长效化。

高校在开启实践活动时，必须真正践行社会实践育人共同体，充分整合和利用社会其他资源，为学生提供充足的实践活动空间。首先，高校应该树立校企合作的基本理念，充分意识到校企合作的重要作用，校企合作能够为学生搭建一座沟通交流的桥梁，为学生提供实践的平台，同时企业也能够获得优秀的人力资源。应不断健全校企合作的管理体制机制，为校企合作提供制度保障，使校企合作关系能够更为顺畅。高校与企业建立良好的合作关系，构建起双向互动的联系，可以利用企业已有的资源为学生搭建实践平台，高校可以根据企业发展方向及学生专业水平，安排部分学生进入企业基层岗位进行实践学习，使学生能够近距离全方位了解企业各个部门的工作内容，使之感受全新的工作环境，使学生在实践中获得更多的感悟，学会将学到的理论知识灵活应用于实践之中，切实提升学生的实践能力。

（四）育人效果逐渐显现

实践育人的育人效果主要体现在学生的素质品德、行为规范等方面，主要表现在以下几点。

1. 大学生社会实践活动取得丰硕成果

各高校结合国家发展方向和地方经济社会发展需要开展各种各样的大学生社会实践活动，不断夯实社会实践基地建设，以各种社会实践的形式手段丰富实践育人的内容，取得了较好的效果。学生积极参与学校组建的大学生社会实践团队，广泛参与大学生社会实践活动，涌现出一大批社会实践的先进个人和先进集体，并在高校内部形成了良好的社会实践风尚。

2. 提升了大学生思想道德品质

各高校在开展实践育人的过程中，不断完善实践育人的保障机制，开展实践活动的校园物质环境建设和校园文化氛围建设，校园文化的层次逐渐提升，活动形式也愈加丰富，学生在参与校园文化活动时接受相应的道德规范要求和文化环境熏陶，学生的爱国主义精神和集体主义意识不断增强，大学生的思想道德品质得到了整体上的提升。

3. 提高了大学生综合素质

各高校在贯彻和落实"三全育人"的过程中，将高校思想政治教育实践活动覆盖到了大学生成长的时间维度和空间维度，从横向的能力提升和纵向的素质提升两方面着力，使得大学生综合素质不断提高，中国大学生年度人物、中国大学生自强之星等涌现出大量的先进个人和集体，大学生综合素质得到了整体的提高。

二、新时代实践育人的挑战

社会经济发展和社会现实需要是实践育人理念与政策发展的动力源泉。中国特色社会主义进入了新时代，为实践育人的发展带来新机遇和新挑战。正确认识实践育人的新挑战，是发挥其时代价值，促进其科学发展的前提和基础。

（一）功利化价值观带给实践育人效能的消解

劳伦斯在《现代教育的起源和发展》中指出："今天，我们却不问怎样使一个孩子成为完整的人；而是问我应当交给他什么技术，使他成为只关心生产物质财富的世界中的一颗光滑耐用的齿轮牙"[①]。功利主义是在个人主义、经验主义和自由主义等西方传统理论的基础上，将行为效果作为是非和道德好坏的判断标准的思想流派，"最大幸福"理论是功利主义的核心诉求，主张用"功利"来衡量人生的价值行为。按照功利主义价值观来看，眼前即得的、现实可见的、实用的利益是人物质和精神的最高目标，这种价值观将人的社会性与道德性割裂开来。

世界各国的教育体系正在拼命寻求国家利益，人文教育和艺术教育正在被切断，各国一旦选择追求短期利益，培养完全适用于盈利的有用技能，我们所说的科学和社会科学设计人文的方面——他们关系到想象力和创造力，关系到严禁的批判思维——便失去了存在的基础"。功利主义思潮正由社会向高校蔓延，浮躁、形式化、功利化的不良现象在高校逐渐显现，部分大学生的思维方式、价值判断和行为方式都发生了巨大转变，对物质利益和经济利益的过度追求使金钱至上、利益至上的价值取向在大学生的精神生活中占据了主流地位。这种"以自我为中心"的功利主义思想正冲击着大学生的价值观、世界观和人生观。当面对物质利益和金钱诱惑的时候，大学生的价值观也随之发生方向性的变化，将利益看作是人际交往的根本动力，

---

① （英）伊丽莎白·劳伦斯著，纪晓林译. 现代教育的起源和发展[M]. 北京：北京语言出版社，1992：90.

在追求物质利益的过程中弱化了理想信念和道德标准。

实践育人关注人的社会化的整体进程，注重人的长远性、根本性和非功利性的价值获得，将实现人的全面发展作为终极的价值目标，建构起个体的精神世界。实践育人关注的人的全面发展和精神世界的建构，与功利主义价值观之间存在着不可调和的冲突和矛盾。实践育人是个长期过程，面对功利主义价值观的消解，既要遵循思想政治教育的规律找准定位和着力点，又要遵循人的成长成才规律，通过各种思想政治教育实践活动引导大学生树立正确的世界观、人生观和价值观，是新时代实践育人工作的侧重点和着力点。

（二）信息化带给传统育人方式的冲击

随着经济社会和科学技术的快速发展，人类已进入知识经济时代，网络已成为人类生存的"第二空间"，信息技术也已经取代了工业生产成了国家强大的核心力量和资源。在信息快速发展的新时代，信息的快速更新发展呈现出对人才更大的需求，学习成了人们不断完善自身的终身任务。当前，正处于经济社会结构调整、社会主义市场经济体制不断完善、进一步深化改革开放以及社会主义现代化建设的新征程阶段，信息化的时代背景对高校的人才培养质量提出了新要求。新时代高校人才培养必须更新时代坐标和人才培养理念，实现新的发展。

信息化的社会学习浪潮首先表现在终身学习的社会氛围。现代化社会信息资源呈现出碎片化特点，人们可以通过各种网络媒体等途径有意或无意地获取相关信息，为不断增强个人的可持续竞争力，人们通过不断学习各种知识技能增强自身的竞争筹码，同时通过网络媒体浏览信息已成为新的生活方式，在有计划的学习和潜移默化的接受教育的交替过程中不断完善自身素质，学习由谋生工具演变为提高自身生存质量的手段。

信息化的社会学习浪潮其次表现在交流学习的过程增加。交往能力和沟通合作能力已成为现代人的核心能力之一，随着经济社会的发展和科学技术的进步，国家之间、群体之间、个人之间的交流互动和合作沟通更甚从前，相互依存程度越来越高。可见，大学生的合作交流能力在当今时代的重要性和必要性，只有在与他人合作学习的实践过程中不断提高自身的交流合作能力，才能实现个体的全面发展和个性化发展的统一。

信息化的社会学习浪潮最后是自主学习能力的提高和创新学习的诉求增强。在知识经济时代，个体利用网络信息自我学习、自我教育的能力水平决定了个体发展水平的高低，个体的学习也不再满足于接受式的单一学习过程，而呈现出主动探索的创新性学习特点。信息化的社会学习趋势对人才培养提出了信息化的诉求，在此诉求之下又衍生出了新的教育模式，在新模式中受教育者的主体性功能逐渐凸显。

育人的方式手段与信息化学习趋势存在冲突。马克思主义的首要观点和基本观点就是实践，现代教育学也十分重视实践在人才培养过程中的作用发挥，但相较于传统的社会实践活动，信息化学习和网络化培养在人际交往和肢体劳动中并未真正产生，虽然已经实现了传统实践活动的部分育人功能，但在一定程度上对传统的实践育人理念存在一定的冲击与消解。如何面对现代化学习浪潮对传统实践育人方式和手段提出的新要求，是新时代思想政治教育实践育人需要解决的新问题。

（三）市场化办学观对价值理念造成的冲击

市场化的办学观是大学办学被市场牵着鼻子走，大学将教育服务当作产业来经营，围绕市场经济需求办教育，通过市场交易实现教育运转，以经济效益衡量办学成败，严重弱化大学人文化的社会担当社会行为或现象。办学观市场化在社会经济发展的一定阶段缓解了经济发展对高素质人才的需求和民众渴求高等教育大众化的现实困境。但是办学观市场化本身存在缺陷，由此会引发出系列的社会问题和教育风险。

市场化的办学观，表现为看重办学规模的扩大而轻视高校人文内涵的涵养；重视科研教书却忽视实践的过程指导；重视技术能力的培训却忽视道德品质的培养；重视为经济社会发展服务，却忽略对非理性的价值观念的批判。实践育人效益之所以与市场化的办学观存在冲突，是因为实践育人的根本效益不仅体现在高校的人才培养效益，更体现在国民素质的整体提升。

实践育人追求全民族的长远发展的国家利益，而市场化的办学观关注的是局部、眼前的利益，实践育人的过程具有长期性和滞后性的特点，与市场调节的即时性和暂时性存在矛盾；同时二者之间在人才培养上存在着理念冲突，实践育人秉持促进个体全面发展的教育理念，在理论教育的同时注重社会责任感和创新精神的培育，市场化的办学观受利益诉求的局限性，仅关注到高效实用的教育内容。再深入分析市场化的办学观的过程中，既要理性看待其对人才培养效益最大化的需求，又要解决实践育人效益与市场化办学观的矛盾冲突。

第二节　实践育人的现存问题和原因分析

一、新时代实践育人的现存问题

新时代实践育人作为高校实践育人的重要组成部分，受到高校实践育人工作开展情况的影响，因此明晰高校实践育人工作开展现状及成因，对新时代实践育人工作的开展具有较强的借鉴意义。

（一）高校实践育人工作学生认知度不高

大学生对高校实践育人工作的了解程度不理想，大学生参与实践育人活动尚有较大的提升空间，大学生对实践育人工作评价不高。大学生对实践育人的认识程度可以从侧面反映出实践育人开展的广度与深度。大学生对实践育人的认知度不高，存在以下两种情况：一种是高校对实践育人工作的宣传教育较少，大学生缺少对实践育人活动的认知途径，因此在开展实践育人活动时，大学生因了解程度有限而缺少参与；另一种是高校的实践育人工作长期流于形式或效果欠佳，使得大学生对实践育人工作丧失信心和兴趣，从而主观上减少对实践育人的了解和认知。

（二）高校实践育人工作学生参与度不高

高校实践育人工作却存在"认知大于参与"的实际问题。实践育人是面向高校内全体大学生的教育手段，要想发挥实践育人的实效性，首先要保证实践活动的覆盖面和参与度，才能使实践活动的作用惠及更多的大学生。

学生志愿服务的参与率远高于挂职锻炼、科技发明的参与率，这其中包含两种极端的情况：一种是实践活动的吸引力大但是参与名额有限，因此出现了供不应求的状况，使得学生只有在各类推荐评选中脱颖而出才有可能获得实践活动的参与资格，这就导致各方面表现普通的学生难以有机会参与到相应的实践活动中，也会打击未获评学生的参与积极性；另一种是实践活动缺乏吸引力导致参与度低，为保证实践活动的参与人数达到相应的运行要求和标准，高校采用任务分派的形式规定学生参与的数量，参与的学生只能被动地接受安排，从而影响了学生参与的积极性甚至会导致学生出现反感情绪。

大学生正常的实践需求长期难以得到满足或是出于被动安排地参与到部分实践活动中，将导致大学生对实践育人活动丧失兴趣和信心，随即出现大学生只认知而不参与的局面。

（三）学生对高校实践育人工作协同性评价不高

大学生对实践育人工作协同性整体评价不高。在实践育人工作中，高校是作为组织者和管理者主动寻求与政府部门、企事业单位和基层社区的联系与合作的，政府部门、企事业单位和基层社区也能够在配合实践育人工作开展的过程中受益，例如大学生进入政府部门实习，大学生开展的社会咨询与法律援助等活动，都可以服务与地方经济社会的发展。

政府部门、企事业单位和基层社区的参与度不高存在以下两种可能性：一种是高校与政府部门、企事业单位和基层社区尚未建立有效的沟通合作模式，使得政府部门等单位在实践育人工作开展中参与感不强；另一种情况是实践育人成果未能及时与政府部门等单位共享，使得政府部门等单位在实践育人工作开展中收获感不强。

（四）学生对高校实践育人工作保障机制评价不高

大学生普遍认为保障机制的不足对妨碍实践育人实效性提升的影响仅次于协同性运作不足。大学生普遍认为存在问题的高校指导服务体系、创业基地建设和人才培养方案分别对应实践育人保障机制的服务保障、基础条件和制度建设，这些都是实践育人保障机制的基本要素。

（五）学生对高校实践育人工作认可度不高

影响学生对实践育人工作的评价的主要因素包括学生的体验感与获得感，因此存在以下两种可能：一种是学生在实践育人的实践活动过程中体验感较低，即实践育人活动未能充分尊重学生的主体地位以调动学生的积极主动性；另一种是学生在实践育人的实践活动中获得感不强，即实践育人活动的形式大于内容，使得学生未能拥有投入体验感，由此也未能引发学生在实践活动中的深层次思考与有效互动，因此学生参与实践活动的获得感不强。

二、新时代实践育人的问题成因

分析新时代实践育人的问题成因，是增强新时代实践育人实效性的逻辑起点。

(一) 认知有待深化

高校政治教育实践育人面临的最大的问题就是高校对党和国家的教育方针落实不到位，其主要表现就是高校思想政治教育工作者在开展思想政治教育实践教育的过程中不注重科学理论指导，而是依赖于个人或者团体的经验运行，对实践育人的合理认知有待进一步深化。

1. 高校对理念落实不到位

少数高校没有树立科学的人才培养观，在发展过程中办学模式功利化，盲目追求招生规模的扩大，忽略人才培养质量和就业质量，过于重视科学文化知识教育忽视道德品质和人文素养教育。部分高校没有深刻认识到进一步加强和改进大学生思想政治教育实践育人活动的深远意义和重要性，将实践育人简单作为大学教育的辅助手段，认为专门组织人力、物力和财力开展大学生思想政治教育实践活动没有紧迫性和必要性，且思想政治教育实践育人一定不能占用教学资源，在空间、时间和物力资源上，思想政治教育实践育人要无条件地为课堂教学让步等。这些因素导致高校对大学生思想政治教育实践育人的整体规划和系统认识缺乏设计。

2. 教师对理念认知不全面

因部分高校对于思想政治教育实践育人的认知不够深刻，政策落实不到位，思想政治理论课教师相应的会在一定程度上忽视实践教学，不愿意花费时间和精力在思想政治理论课实践教学环节，主观上对于学习和借鉴成功的实践教学案例不积极，导致思想政治理论课的理论教学与实践教学相脱节，思想政治理论课实践教学环节处于可有可无的地位，因此思想政治教育理论课实践教学环节自然而然不能充分发挥对学生的教育引导作用。由此可见，在进一步加强和改进大学生思想政治教育实践育人工作的过程中，我们忽视了对思想政治教育工作者本身的教育改造。

3. 学生对理念认知不理性

经济全球化、网络信息化、文化多元化等为高校思想政治教育工作带来了新的机遇和挑战。在这些因素的影响下，大学生的思想独立性、选择的自主性显著增强，而相应的对于道德品质、责任意识、政治观念等方面的重视程度有所下降，甚至在传统价值观念遭到冲击的影响下，对于思想素质、道德品质方面的积极认知正在被逐步地消解。受传统观念或者是就业形势的影响，学生只注重专业知识的学习，忽略道德品质的提升，加之学生自身对思想政治教育实践育人的重要性缺少清晰的认知，导致部分学生对规范性引导的教育内容产生抵触情绪，在主观意愿上不愿意积极参加实践育人活动，甚至出现"走场不走心""人在心不在"的现象。这种情况持续发展，导致了社会实践等实践教育活动的效果甚微。

（二）协同有待加强

全国教育大会上习近平总书记指出："教育是民族振兴、社会进步的重要基石，是功在当代、利在千秋的德政工程，对提高人民综合素质、促进人的全面发展、增强中华民族创新创造活力、实现中华民族伟大复兴具有决定性意义"[①]。教育并非教育系统自身的任务，而是全社会共同的责任，是关系到中华民族伟大复兴的关键性因素。由于高校、社会、学生个体等整体上对实践育人缺乏合理认知和科学理论的指导，实践育人主体实际上仍然处于"势单力薄"的状态，社会其他部门、高校其他部门并未充分认识到教育的全局性地位和作用。

高校内部尚未形成完整的育人合力。部分高校的系统部门和部分高校教师仍然存在着"育人是思政课教师和辅导员的工作"的错误思想，主观上不愿意承担实践育人的主体责任。由此产生高校内部对实践育人力量的消解，例如学校安排的实践教育活动与部分学生的专业课程冲突，实践教育活动无条件为专业课程教学让位等；当前实践育人主体主要集中在思政课教师和辅导员身上，但是实践育人教育活动从时间分布上来讲将对较为集中，学生规模较大，因此势必会面临实践育人工作者人数不足等问题；因为实践育人是长期性工程，育人效果的凸显具有滞后性，因此在与校内其他工作部门争取资源时时常处于弱势，从而造成实践育人活动没有固定场所、缺乏经费等问题。

社会整体尚未形成育人合力。首先是家庭教育长期受到"唯分数、唯学历、唯升学"的影响，对于学生教育过分强调知识的学习和积累，对于学生综合能力的培养和重视不够，因此对于学生参与、投入精力到实践育人活动中持消极态度者较多。其次是用人单位，受到社会整体价值倾向的影响，通常更注重于毕业生的业务能力和学历专业的硬性标准，对于学生道德品质等方面的要求并不十分明确，由此会对在校生产生误导，即对标

---

① 习近平. 坚持中国特色社会主义发展道路培养德智体美劳全面发展的社会主义建设者和接班人[N]. 人民日报，2018-09-11.

对照业务能力标准和学历标准解决就业的资格准入问题，而对于道德品质的考察等无法确定的标准自然无法产生相应的导向作用。最后是社会整体而言，本能地将人才培养当作是学校的任务，缺乏对于全社会育人的自觉意识，对于实践育人基地的建设、实践育人活动的协调等方面提供的支持不够。

（三）保障有待健全

思想政治教育实践育人作为思想政治教育的重要组成部分，是个长期性、系统性的复杂工程，理应被纳入思想政治教育工作的整体规划布局中去，在长远规划的基础上产生一系列运转高校的保障机制。但实际上，目前许多高校尚存在保障机制不健全导致思想政治教育实践育人效果不理想的现象，这些保障机制包括组织领导机制、制度运行机制等。

思想政治教育实践育人作为一项复杂的系统性工程，不仅需要高校各部门的广泛参与，还需要社会、家庭和学校主管领导的高度重视和积极配合，建立高效的领导机制和组织机制，能够为思想政治教育实践育人提供强大的组织保障。实践育人的教育者即实施主体包括政府及主管部门、高校及教师，其中教育主管部门作为顶层设计但并不直接参与的教育主体，承担着制定规范和制度的重要作用。高校是大学生思想政治教育实践育人的实施主体，在实践活动中承担组织领导、制度设计和统筹协调的职能和任务，但事实上，部分高校对于思想政治教育实践育人还存在缺少重视的现实情况，比如存在高校党委管理并组织实施学生的思想政治教育工作，而并非是校长或校领导直接予以管理，学校行政部门只负责抓教学和科研等业务工作。

适当合理的激励手段有利于价值目标的实现，虽然激励效果并非单单是靠某种激励手段所能达到的，但毫无疑问预期的激励效果需要多种激励手段配合实现，各手段有序配合，协同发力，才能实现激励效果的最大化。当前高校在大学生思想政治教育实践育人工作中，采用的激励手段和激励方式都在一定程度上存在手段单一化、方法片面化的情况，具体表现在思想政治教育实践育人过程中并未将激励手段与行政手段和经济手段等其他手段结合起来，仅单纯地进行外部激励；甚至部分激励手段未结合学生的实际情况开展思想政治教育工作，激励手段的选取和采用仅停留在外在物质上的刺激，而忽略了精神等内在的价值鼓励，大部分鼓励措施并不能将外在激励理想地转化为内在的自我激励等，但对事物的发展起决定作用的一定是内部矛盾，因此思想政治教育实践育人实效性不佳。

思想政治教育实践育人工作的正常运转需要有配套的保障机制，但目前实践育人运行工作中尚存一些问题，如在图书馆、资料室和期刊室，相关资料更新不及时，资料数量较少和种类较少等，限于经费等原因也缺少固定的思想政治教育工作场所，阻碍了高校大学生思想政治教育实践育人工作的开展和实效性提升。

第三章　高校实践育人的目标、形式和原则

明确高校实践育人的目标、形式和原则，是高校实践育人的关键，对高校实践育人工作具有价值导向、方向指引和准则参考等作用，有助于促进高校实践育人的系统化、科学化、专业化发展。

第一节　高校实践育人的目标

实践育人作为育人的有效载体，是促进人的全面发展的根本途径，是大学生成长成才的必由之路，在高等学校人才培养中发挥着不可替代的重要作用。同时，实践育人作为高等学校人才培养的基本手段，有着明确的价值导向和目标要求。

一、增强大学生的社会责任感

马克思说过："作为确定的人，现实的人，你就有规定，就有使命，就有任务，至于你是否意识到这一点，那都是无所谓的。"①马克思所说的"规定"、"使命"、"任务"，可以理解为责任。人作为一个社会性的动物，"人的本质不是单个人所固有的抽象物，在其现实性上，它是一切社会关系的总和"②。人的本质决定了每个人必然会在各种复杂的社会关系中承担相应的社会责任。在社会中，个人必须对社会承担一定的责任，每个人都有人生责任。社会责任是人生责任的核心和灵魂。

一般而言，责任感是一种积极的态度或者情感体验，又被称为责任意识或者责任心，是"个体在道德活动中因对自己完成道德任务的情况持积极主动、认真负责的态度而产生的情感体验。反映个体对承担任务负责的积极情绪体验和明确归因。决定道德任务的完成程度以及在没有完成时个

---

① 中共中央马克思恩格斯列宁斯大林著作编译局. 马克思恩格斯全集（第3卷）[M]. 北京：人民出版社，1960：329.

② 中共中央马克思恩格斯列宁斯大林著作编译局. 马克思恩格斯全集（第1卷）[M]. 北京：人民出版社，1995：60.

体感觉到有过错或罪过的程度"①。责任感作为一种心理活动和感受，包括认知、情感和态度三个方面，是个体对个人成长发展以及在人类社会中所需承担责任的主观意识，并对自己是否完成所承担的工作、是否符合道德要求和准则的一种体验。

人类社会性的特点决定了任何一名社会成员，要想获得生存和发展，实现自身的价值，就必然要同其他社会成员产生联系，并且通过自己的行为和能力满足其他社会成员的要求，承担起对其他社会成员的责任。因此，我们认为社会责任感是一个社会成员对其本人所在的国家、社会、集体和其他社会成员所承担的责任，以及对待责任的态度。作为一种社会道德情感，社会责任感应该包括知、情、意、行等四个方面的内容，是一个人内在的心理状态同外在行为表现的统一，是个人道德意识所承担的社会责任和需要的结合，是个人履行道德自认所获得的正面情感体验。社会责任感本质上是社会关系的产物，反映了社会与人之间的一种关系，一个人对社会责任感的认识、理解和态度以及一个人对社会和他人责任承担的情况，能反映一个人的社会责任感。大学生作为一个特殊的社会群体，其社会责任感表现为在当前的经济社会发展过程中，对人类、社会、国家、民族和其他社会成员履行职责和承担义务的自觉性和主动性。加强对大学生的社会责任感教育是面对当前经济社会发展和日益激烈的国际竞争的需要，是高等学校培养高素质人才的基本要求，是加强和改进大学生思想政治教育的基本内容。实践育人的基本目标之一就是培养大学生的社会责任感。

实践是开展大学生思想政治素养教育的基本途径。实践育人通过组织大学生参与各种实践活动，能在实践中增强和提升大学生的责任意识。同时，实践育人注重教育内容的实践性和体验性，在大学生的社会责任感教育中有着不可替代的作用。实践决定认识，人类的社会生活方式影响着人类的认识内容和认知水平，人生活在什么样的环境中，就会具有什么样的认识特征和道德水平，也决定了一个人责任社会承担的态度和程度。对大学生社会责任感的教育，仅依靠课堂理论知识的学习和道德知识的传授是远远不够的。只有通过与社会生产生活实际相契合的实践活动才能给大学生的社会责任感教育提供生动、直观的环境，强化大学生的情感体验，提升大学生的道德认知和道德自觉水平，促进大学生在实践活动的开展过程中形成、发展、强化责任意识。

---

① 林崇德. 心理学大辞典[M]. 上海：上海教育出版社，2003：1652.

实践育人能实现大学生社会责任认知、社会责任情感和社会责任行为教育的有机统一。这对于增强大学生服务国家、服务人民的社会责任感，具有十分重要的作用。大学生通过参加社会实践活动，走进人民群众的生产、生活实际，进一步了解国情民情、社会现实，了解经济社会发展的现状和存在的突出问题，了解党和国家对大学生成长成才的迫切需要，了解广大人民群众的现实需要和强烈呼声，能帮助大学生认识到自己身上的社会责任和时代要求，从而使大学生获得更加生动的责任认知。大学生通过实践活动，与广大人民群众同吃、同住、同生产、同劳动，能培养大学生对广大人民群众同甘共苦、荣辱与共的朴素感情，培养大学生对人民群众和国家的无限热爱，从而激发大学生形成强烈的责任情感，想群众之所想，急群众之所急。在大学生获得充分的社会责任认识和社会责任情感的基础上，实践活动能进一步强化大学生承担社会责任的内在驱动力，并最终表现为承担社会责任的行为，从而最终引导大学生主动承担社会责任，努力学习科学文化知识和各项技能，全面提升个人素质，增强大学生服务祖国和人民的本领，主动投身于中国共产党领导的社会主义伟大事业，为实现中华民族伟大复兴的中国梦不懈奋斗，承担起属于青年一代的社会责任和历史使命。

二、培养大学生的创新精神

（一）创新与创新精神

创新一词最早见于美籍奥地利经济学家熊彼特1912年出版的《经济发展理论》一书中，他对创新的定义是："创新是指把一种新的生产要素和生产条件的'新结合'引入生产体系。"①这里的创新主要是指生产创新。后来，弗里曼、皮特·德鲁克等学者又在熊彼特的基础上对创新的概念进行丰富和发展，创新一词也开始被广泛地引用到其他领域，知识创新、管理创新、制度创新、技术创新、教育创新等概念也随之产生。创新从本质上来讲是一种实践活动，它的基本特征是以新思维、新想法为基础，实现新发明、新创造和新描述等。创新是人类特有的认识能力和实践能力，是人类认识世界、改造世界的高级表现形式，是人类社会能不断取得进步的不竭动力。

创新从哲学上讲是人的实践行为，是对客观世界的变革和主体客体关

① (澳)熊彼特著，邹建平译. 经济发展理论[M]. 北京：中国画报出版社，2012：69.

系的再创造，是对人类实践范围的超越，是对既有思维模式和行为模式的一种辩证的否定和发展。创新精神是人类的精神状态，是实现创新能力和实践能力的前提，是一种典型的心理特征。创新精神属于人的精神范畴，它包括从事创新活动所需要的一系列诸如兴趣、意志和勇气等思维活动。它是一种积极主动地改造和改变现有客观事物的一种态度，并通过实践形式予以表现。

创新精神是创新主体在从事改造客观世界和主观世界的过程中，受行为主体自身特定的心理状态，运用新思维、新知识、新手段进行探索和尝试，不断解决新问题，从而实现创新成果和创新知识的个性特征。

关于创新精神的认识一般来说有如下两个方面。一方面，创新精神可以理解为创新主体在现阶段认识水平和知识积累的基础上，运用现有的方法、技能、手段等，对当前的知识、信息等加以综合运用，提出新观点、新认识的思维能力和进行改造、革新和再创造的精神状态。另一方面，创新精神还可以被理解为智力因素和非智力因素的一种优化和综合，包括创新主体创新意识和创新人格两个方面，是对创新主体的心理、品格、意志、思维等多种因素的整合，是创新主体创新特征的集中体现。

（二）创新的价值和意义

1. 创新是民族进步的灵魂，是国家兴旺发达的不竭动力

在知识经济时代科技创新成为当今社会生产力解放和发展的重要标志与基础，决定着一个国家、一个民族的发展。全社会全民族的创造精神和创新能力，是推动新时代中国特色社会主义建设，实现中华民族伟大复兴的强大力量。科技创新是提高社会生产力和综合国力的战略支撑，必须摆在国家发展全局的核心位置。要坚持走中国特色自主创新道路，以全球视野谋划和推动创新，提高原始创新、集成创新和引进吸收再消化创新，更加注重协同创新。

2. 创新是人才培养的核心要义

国家发展和社会进步的动力在于创新，创新的主体和关键是人才。大学生作为社会主义现代化建设的主力军，是未来经济社会发展和创新的中坚力量。培养大学生的创新精神是面对未来知识经济挑战的必然选择，是提升我国国际竞争力和综合国力的需要。同时，以立德树人为根本任务的高等教育，培养大学生的创新能力和创新精神，也是保证高等教育质量、提升大学生综合素质、帮助大学生更好地实现人生价值的必然要求。实践

是人类一切自觉自我活动的总称，是全面提升大学生各项素质的基本途径。大学生的创新思维和包新精神只有转化为创新的行为，在实践中得以实现、锻炼和强化，才能最终内化成为大学生的品格和意志，达到改造主观世界的目的。因此，实践育人是培养和提升大学生创新能力和创新精神的重要途径，对于增强大学生勇于探索的创新精神，具有十分重要的作用。高校实践育人，通过开展各种实践活动尤其是创新创业等创新类实践活动，能为大学生实现创新想法、锻炼创新能力提供广阔的平台和机会，并通过大学生创新实践活动的开展，不断提升大学生的创新能力，培养大学生的创新意识和创新精神。面对日益激烈的国际竞争和日益复杂的国际环境，大学生必须具备创新能力和创新精神，才能不断地迎接新挑战、解决新问题，为国家和社会发展提供充足的人才保证和智力支撑，才能在知识经济时代的全球化竞争中赢得优势，保证社会主义事业兴旺发达、后继有人。

3. 实践是培养学生创新能力的重要环节

在传统的创新能力和创新精神的培养中，往往只注重创新知识和创新理论的课堂传授，忽视创新实践环节的锻炼，从而导致太学生的创新欲望受到压抑，创新意识遭到扼杀。大学生作为实践活动的主体，在实践活动中大学生可以根据自身特点、专业背景、兴趣爱好等，选择适合自己包括创新型实验、创新性竞赛等各种形式的创新实践活动。大学生根据自己的知识结构和认识水平，将自身的想法、思路和灵感等加以展现和实施，并能在创新实践中不断地得以检验和完善，实现理论与实践的统一，实现学习以往知识和探索未知真理的统一，从而达到激发大学生的创新欲望和创新潜力，调动大学生参与实践创新活动的积极性，提升大学生的创新能力，培养大学生创新精神的目的。

高校各种创新实践类活动的开展，能提高大学生参与实践创新活动的自觉性和主动性。学校通过建设实践创新训练基地、开展科技创新竞赛、举办学术类报告讲座和学术沙龙、学术交流活动，提升校园文化的层次，营造追求真理、勇于创新的学术氛围，为大学生培养创新思维、交流创新理念提供良好的平台，培养大学生的科学精神，帮助大学生树立热爱科学、勇于创新的意识。学校通过加强课程实践锻炼环节，深化实践教学改革，鼓励大学生理论学习与实践训练相结合，要求大学生参与各种课程实习和试验锻炼，强化对大学生实践创新能力的锻炼和考核，为大学生实践创新活动提供外部约束和动力，从而培养大学生勇于探索的创新能力和创新的精神。

三、提高大学生的实践能力

实践能力即为实践的能力。实践是人的存在方式，是人类一切有意识地改造客观世界和主观世界的总称。能力作为一个心理学术语，是一个人顺利完成某种活动所必需的心理特征。实践育人具有鲜明的教育学和社会学特征，因而，对"实践能力"的理解不能仅从心理学的意义上出发，简单地理解为一个人完成各种实践活动的心理特征，而是应该从多学科视角理解实践能力的要义。实践能力是保证个体顺利运用已有知识、技能去解决实际问题所必须具备的那些生理和心理特征，是个体一系列生理和心理特征的总和。提升实践能力以解决实际问题为根本目标和导向，能在个体解决实际问题的过程中，对解决问题的方式、进程等起到明显的调节、控制作用，从而确保实现解决实际问题的目标。实践能力包括一般实践能力和专项实践能力，一般实践能力包括个体在实践中的基本生理和心理机能，它不以解决某一具体问题为导向，但影响所有问题解决的效果，是实践能力的心理和生理基础；专项实践能力以解决某一实际问题为导向，个人在解决某一特定问题时表现出来的心理特征和专项技能。

实践能力具有实践性、发展性、综合性、外显性等特征。实践能力是个体在实践过程中形成和发展起来的能力，是主体通过实践活动与客体相互作用的产物，实践能力的形成必然离不开实践活动，实践性是实践能力的特征。实践能力的发展性是在个体的成长过程中，实践能力保持不断发展的态势。随着年龄的增长，人的身体状况、智力要素等有可能出现退化，但是作为一种综合运用的能力，解决问题的实际能力却不会随着年龄的增长而退化，甚至还能随着社会经验的进一步积累而不断得到提高和增强，这就是实践能力发展性。实践能力的综合性和外显性，在解决问题的过程中，体现为各种能力的综合运用和使用。在解决问题的过程中主体行为是外显的，实践结果的变化也是外显的，并能通过最终的结果反映实践能力的高低。

实践能力是大学生综合素质的重要组成部分。加强大学生实践能力的培养是面对日益激烈的国内国际竞争、实施科教兴国战略和人才强国战略的需要，是全面实施素质教育、提高人才培养质量的需要，也是大学生走向社会、适应社会的必然要求，对于大学生个人的发展和社会的进步都有着重要的作用。实践能力培养一直是我国教育的重要内容。中共中央、国务院作出《关于深化教育改革全面推进素质教育的决定》指出："实施素质教育，就是全面贯彻党的教育方针，以提高国民素质为根本宗旨，以培养学生的创新精神和实践能力为重点，造就有理想、有道德、有文化、有纪律的德智体等全面发展的社会主义建设者和接班人。《国家中长期教育改革和发展规划纲要（2010——2020 年）》强调："坚持以人为本、全面实施素质教育是教育改革发展的战略主题，是贯彻党的教育方针的时代要求，核心是解决培养什么人、怎样培养人的重大问题，重点是面向全体学生、促进学生全面发展，着力提高学生服务国家、服务人民的社会责任感、勇于探索的创新精神和善于解决问题的实践能力。"坚持能力为重，优化知识结构，丰富社会实践，强化能力培养，着力提高学生的学习能力、实践能力、创新能力。

实践是提升大学生实践能力的重要手段。实践育人以引导、组织大学生参加各种实践活动为基本内容，是提升大学生实践能力的基本途径，在大学生实践能力的培养中发挥着不可替代的作用。实践活动能有效地激发大学生的实践动机。实践育人通过组织各类实践活动，明确各种实践活动要求，能为大学生参加实践活动提供外部约束和激励，为学生提供实践压力，从而催生学生参与实践活动的动力。同时，实践育人的活动安排内容丰富、形式多样，大学生结合自身特点和偏好进行自主选择，能激发和保护学生的实践兴趣，从而进一步激发学生的实践动机，为大学生参与实践活动提供内在动力，推动大学生主动参与实践活动。

实践活动为提升大学生的实践能力提供了载体。古往今来凡成大事者，无不经过社会实践的历练和艰苦环境的考验。五四运动昭示的青年运动正确方向，就是在党的领导下，走与工农群众相结合、与中国革命实践相结合的道路。当代青年学生要健康成长、茁壮成才，仍然必须坚持这个正确方向、这条正确道路。对青年学生来说，基层一线是了解国情、增长本领的最好课堂，是磨炼意志、汲取力量的火热熔炉，是施展才华、开拓创业的广阔天地。只有深入到基层中去，深入到群众中去，才能加深对社会的认识，增进同人民群众的感情，提高解决实际问题的能力。因此，实践是大学生成长成才的必由之路。大学生在实践活动中，需要通过设计项目、选择方案等，进行最优化的活动设计；需要根据活动开展的动员力量、争取资源等，获得充足的外部支持；需要根据活动的开展情况，不断调整自己的策略、预期等，从而应对、解决不断产生的新情况、新问题；需要健康的体魄、良好的身心素质和抗压能力应对挫折和挑战，才能最终实现实践活动的目的。通过参加实践活动，大学生的思考谋划能力、人际交往能力、组织协调能力、学习创新能力、环境适应能力以及坚韧不拔的意志品质和身心素质等等，都能得到系统、有效的锻炼和强化，从而实现大学生整体实践能力的提升。同时，在各项实践活动中，某一项具体实践任务的完成会对大学生某一项具体的实践能力进行有效的锻炼和提升，如大学生通过参加专业类试验活动或者创新竞赛，对实验仪器的熟悉程度和使用技巧就会有明显的提升，为以后从事创新创业工作打下良好的基础；大学生参加社会调查，需要对调查的数据进行分析处理，大学生的数据分析能力、计算机使用能力得到有效的锻炼，提升具体实践技能。在实践育人的各项活动中，大学生的具体实践能力和大学生的整体实践能力不断被训练和强化，从而促进大学生解决实际问题的实践能力得到整体提升。

第二节　高校实践育人的形式

高校实践育人内容丰富、形式多样。实践育人作为一种教育理念，渗透在高等学校人才培养的各个环节；实践育人作为一种育人途径，实践育人与其他形式的育人途径相得益彰、相互促进，目前高校实践育人形式包括教学实践、军事训练、主题教育、志愿服务、社会调查、创新创业、勤工助学七个类型。

一、实践教学

实践教学活动，是与高校教学工作和大学生专业知识学习相关的各种实践活动。实践教学活动是强化、巩固大学生专业知识学习的有效手段和基本途径，同时也是教学内容的基本组成部分。实践教学是学校教学工作的重要组成部分，是深化课堂教学的重要环节，是学生获取、掌握知识的重要途径。实践教学活动包括课程实践、课程实习、专业试验以及生产实习、毕业实习、毕业设计等与教学相关的实践内容。尽管不同层次、不同类型的高校实践教学活动的设置不尽相同，理工科类课程、人文社科类课程等各种不同课程对实践教学环节的体现也不尽相同，但都应该根据人才成长规律和教育基本规律，对于实践教学活动进行合理的安排。根据教育部《关于进一步加强高校实践育人工作的若干意见》对于各学科门类的实践教学环节给出了规定："确保人文社会科学类本科专业不少于总学分（学时）的15%、理工农医类本科专业不少于25%、高职高专类专业不少于50%，师范类学生教育实践不少于一个学期，专业学位硕士研究生不少于半年。"

　　抓好实践教学活动、强化实践教学环节能更好地实现高等教育人才培养的目标。一方面，大学生通过参加实践教学活动，能加深对理论的理解和体验，有效地巩固所学理论知识，进一步巩固专业知识学习的成果，实现学生对所学知识的融会贯通和综合运用，培养大学生理论联系实际的学习习惯。同时，大学生在实践活动中能进一步强化专业技能和专业素质，增强自身对所学专业知识和理论知识的实践体会，进一步激发大学生对专业知识的热情，激发大学生的学习兴趣。另一方面，大学生参与生动丰富的实践教学活动，是发现问题、解决问题的过程，也是迎接困难、解决困难的过程，能激发学生的创新意识和创新思维，锻炼学生解决实际问题的实践能力和抗压抗挫能力，调动大学生进一步学习创造和科学研究的积极性，培养大学生良好的科研习惯和科学精神，实现全面提升大学生综合素质的育人目标。

二、军事训练

　　军事训练简称军训，即根据《中华人民共和国兵役法》和《中华人民共和国国防教育法》等法律法规，在一定实践阶段内对大学生集中进行包括国防教育、队列训练、战术训练、内务训练等一系列军事化训练的活动总称。国防建设和国防教育是国家安全和社会团结、稳定的基础。接受国防教育、增强国防意识是每个社会公民应该承担的责任。大学生参加军事训练是大学生接受国防教育、参与国防建设的重要途径和手段。《中华人民共和国国防教育法》规定："国防教育是建设和巩固国防的基础，是增强民族凝聚力、提高全民素质的重要途径。依法普及和加强国防教育是每个公民的权利和义务。"军事训练是对大学生进行国防教育、强化大学生国防意识、民族忧患意识和担当意识的重要途径，是培养国防后备力量、加强国防建设的重要手段。党和国家一直高度重视大学生军事训练工作，特别是1985年以来，更是以法律的形式对大学生军事训练工作进行了强调和部署。《中华人民共和国兵役法》规定："高等院校的学生在就学期间，必须接受基本军事训练。"2007年，教育部、原总政治部、原总参谋部联合下发《学生军事训练工作规定》，对高等学校学生参加军事训练的组织领导、开展实施、训练内容、训练保障和奖惩制度等进行了规定。组织学生进行军事训练，是实现人才培养目标不可缺少的重要环节。大学生参加军事训练，是高等学校人才培养工作的基本内容，是对学生进行国防教育和国家安全教育的基本途径，也是高校实践育人的重要形式，能提升大学生的综合素质。

首先，军事训练能增强大学生的国防意识。和平与发展是当今世界的主题，是世界发展的大势所趋，也是全世界人民的共同需求，我国整体上面临着和平稳定的、有利于实现快速发展的国内国际环境。但是在复杂的国际局势下，影响我国和平稳定环境的复杂因素依然存在，这都对我国的国家安全和社会和谐稳定的大局造成影响。因此，加强国防教育显得十分迫切。大学生是未来国家竞争的主体，是国防力量的后备军，加强对他们的国家安全教育、国防意识教育十分必要。军事训练能让大学生进一步认清复杂的国际形势，认清国家安全面临的潜在威胁，增强大学生的忧患意识和国防意识进一步明确时代赋予他们的历史使命，帮助大学生树立正确的世界观、人生观、价值观，培养大学生的爱国精神，增强大学生维护国家领土主权完整、维护国家安全的决心、信心和自觉性，坚定大学生建设社会主义现代化强国、实现中华民族伟大复兴的理想信念。

其次，军事训练能提升大学生的思想道德素质。通过开展军事训练，大学生与人民解放军同生活、同训练，能让大学生进一步感受、了解和学习中国人民解放军的"听党指挥、能打胜仗、作风优良"的强军目标，学习不怕吃苦、敢于牺牲的革命英雄主义情怀，从而加强对大学生爱国主义和革命英雄主义教育。通过严格标准的军事训练，能帮助大学生学习人民解放军艰苦奋斗、不畏艰难的坚强意志品质，帮助大学生树立"流血、流汗、不流泪，掉皮、掉肉、不掉队"的顽强意志，帮助大学生克服贪图享受、不思进取等懒散情绪和懈怠精神，帮助大学生养成吃苦耐劳、不怕困难、乐于奉献、积极进取的坚强意志。

再次，军事训练能培养大学生的团队意识和纪律观念。在军事训练中，各种训练任务的完成需要全体参训学员的相互配合和通力合作，需要参训学员具备良好的大局观念和服从意识。通过各种高强度的队列训练，举办阅兵式、分列式等训练成果比赛，并以此为导向对大学生的训练过程和训练成果进行统一的要求和标准化管理，能提升大学生的团队意识、集体意识和合作意识，培养大学生的团结协作精神。同时，军事训练以军人的标准对待大学生，要求服从命令、令行禁止，坚决服从组织纪律，坚决服从大局安排，能帮助大学生改变以自我为中心的主观倾向，改掉大学生自我化的不良习惯，从而强化大学生的纪律意识、自律意识和大局意识。

最后，军事训练能提升大学生的身心素质。在军事训练中，大学生按照军人的标准参与高强度、高体力的训练活动。在军事化的管理方式中接受风吹雨淋、阳光暴晒，能帮助大学生的强健体魄，增强大学生的忍耐力和承受力，培养大学生吃苦耐劳的优良品德和坚忍不拔的意志品质，从而实现大学生身体素质和心理素质的协调发展。此外，通过为期半个月至一个月的军训，能帮助大学生养成科学合理的作息时间，强化大学生参与体育活动的意识，引导大学生养成积极参与锻炼活动的良好习惯，提高大学生的身心素质。

三、主题教育

主题教育活动是围绕某一特定的教育主题，通过实践活动的开展，将思想政治教育的目标和要求加以贯彻、强化，进而达到教育效果的实践活动。大学生参加的主题教育活动一般由相关的上级组织、党团组织等作为主导，根据教育环境和大学生的发展和成长特点等，进行设计、策划，进而形成特定的主题，并围绕这一主题开展一系列相关教育活动。主题教育实践活动已经成为大学生思想政治教育和高校人才培养工作的重要手段和内容。教育部等部门在《关于进一步加强高校实践育人工作的若干意见》规定："要抓住重大活动、重大事件、重要节庆日等契机和暑假、寒假时期，紧密围绕一个主题、集中一个时段，广泛开展特色鲜明的主题实践活动。"主题教育活动是实践育人的主要形式，通过组织大学生参与系列活动，实现对大学生教育引导和塑造熏陶的目的，在大学生思想政治教育中发挥着不可替代的作用。

主题教育活动具有鲜明的特点。

首先，主题教育活动的针对性强。针对性强是主题教育活动的突出特点和基本特征，是主题教育活动在育人工作中最独特的优势所在。主题教育活动能根据特定的教育任务和特定的教育对象选取特定的教育手段和途径，并进行针对性的情境设计和谋划，能最大程度地强化育人活动的效果。一方面，主题教育实践活动的主题具有针对性。活动中，高校主题实践活动的组织者和实施者，能在充分把握基本规律的前提下，根据教育形势的基本情况和育人目标的基本要求，结合本单位开展育人工作的实际，选择针对性强、适应教育形势发展并能满足教育目标基本要求的主题活动，达到增强育人活动效果的目的。另一方面，主题教育活动的受教育对象具有很强的针对性。主体实践教育活动的组织者能充分考虑受教育对象的专业知识背景、学习阶段特征、年龄阶段特征、生理心理特点等一系列情况，进行针对性的活动规划和设计，从而更好地适应受教育对象的基本特征，增强实效性。同时，主题教育活动中，教育活动的组织者在确定教育主题和教育对象的基础上，能进一步选择并优化教育活动的实施方案，选择适合活动主题的、受教育对象乐于接受的开展方式，最大程度地实现主题教育的育人功能，从而能达到因地制宜、有的放矢的效果，增强大学生思想政治教育工作的针对性和实效性。

其次，主题教育活动的灵活性强。在传统的教育活动中，因为教学内容固定化、教学过程程式化，形式枯燥、内容单调，不适合大学生学习阶段的特点。大学对这种教育方式的认可度非常有限，因而越来越受到大学生的排斥和反感，教育效果往往较差，而主题教育灵活性强的特点则能很好地弥补传统教育活动的弊端。一方面，主题教育活动的主题选择是灵活多样、丰富多彩的。主题教育活动的组织者可以根据不同阶段的教育对象的现实需求和心理特点，灵活自由地选择主题教育开展的内容和时机，并根据实际情况和受教育对象需求状况的变化以及社会的现实需求等，及时调整主题教育活动的内容安排和实施形式，增强主题教育活动的吸引力，激发大学生参加主题教育活动的积极性和主动性。另一方面，主题教育活动的形式和载体是灵活多样的。在活动的开展中，活动组织者结合不同时间段的具体任务，结合一定时期内重大历史事件等，以具体的活动为载体，根据教育目标和教育对象的不同，创新主题教育的载体，丰富主题教育的形式，灵活地选择座谈会议、专题讲座、团组织生活会、文体活动、参观考察等多种形式中的一种或者几种，从而增强教育活动的效果。

最后，主题教育活动的实践性强。所有的主题教育活动最终都要通过实践的形式付诸实施，因而实践性也是主题教育活动最主要的特征之一。实践是认识的来源，是理论积累的最终目标和检验手段，是大学生获得全面发展的基本途径。大学生在实践活动中，能掌握、巩固所学理论知识，并运用相关的理论知识为社会服务，进而更好地发挥自己的聪明才智，实现自身的价值。主题教育活动是实现理论与实践相结合的重要形式。主题教育活动一般都是围绕一定的主题，设定教育目标，设计、提供一定的情景模式，通过受教育者对活动的参与，真正实现理论学习与实践参与相统一，加强受教育者对各种理论的深刻理解和感悟，引导学生在实践锻炼中实现自我、发展自我，从而达到强化教育效果的目的。

四、志愿服务

志愿服务活动是志愿者不以获得报酬为目的的参加的，服务社会、奉献他人或者为促进经济社会发展进步的社会公益实践活动。志愿服务活动具有社会性、公益性、自愿性和无偿性等特点。它是大学生思想政治教育、道德教育的有效途径，能增强大学生的社会责任感，提升大学生专业素质和实践能力。

我国的志愿服务工作源于 20 世纪 90 年代。1993 年年底，共青团中央开始组织实施中国青年志愿者行动。当年 12 月，两万余名铁路青年以"青年志愿者"身份走上铁路，开展了以"为京广铁路沿线旅客送温暖"为主题的志愿服务活动，我国拉开了中国青年志愿者服务行动的大幕。1997 年，由中宣部、教育部、全国学联统一组织发起的大学生青年志愿者暑期"三下乡"社会实践活动正式开始，我国大学生暑期社会实践活动也由此拉开大幕。作为志愿服务的一个重要实现途径，在此后的时间里，越来越多的大学生选择加入志愿服务活动，利用暑假时间深入人民群众生产生活一线，结合广大人民群众的需求实际开展形式多样的志愿服务活动，在积极奉献科学文化和青春智慧的同时，努力提升自身的综合素质。经过近 30 年的发展，中国青年志愿者队伍不断壮大，志愿服务活动的活动内容、活动方式、活动范围也不断扩大，社会影响力显著增强，志愿服务活动已成为当代青年大学生的价值追求和时尚潮流，成了大学生成长成才的重要实践平台。志愿服务活动的育人效果也得到了党和国家领导的高度肯定。

2013 年 12 月 5 日，适逢中国青年志愿者行动实施 20 周年，习近平总书记在给华中农业大学本禹志愿服务队的回信中说道："（你们）加入青年志愿者队伍，走进西部，走进社区，走进农村，用知识和爱心热情服务需要帮助的困难群众，坚持高扬理想、脚踏实地、甘于奉献，在服务他人、奉献社会中收获了成长和进步，找到了青春方向和人生目标。"[①]

志愿服务活动是高校实践育人的重要载体，在高等学校育人工作中起着非常重要的作用。首先，志愿服务活动是大学生思想政治教育的有效途径。大学生参加丰富多样的志愿服务活动，深入基层了解社情民意，了解改革开放以来经济社会发展的突出成绩，能帮助大学生正确地看待当前经济社会发展中出现的问题，帮助大学生正确认识社会发展规律，明确自身肩负的社会责任和历史使命，进而坚定在中国共产党领导下全面建成小康社会、实现中华民族伟大复兴的中国梦的理想信念。其次，志愿服务活动能加强对大学生的思想道德教育。通过志愿服务活动的生动实践，能培养

[①] 习近平. 给华中农业大学"本禹志愿服务队"回信，勉励青年志愿者以青春梦想用实际行动为实现中国梦作出新的更大贡献[N]. 人民日报，2013-12-6.

大学生服务他人、奉献社会的精神，加强对大学生以爱国主义为核心的民族精神、以改革开放为核心的时代精神为主要内容的社会主义核心价值观教育。倡导学生践行"爱国、敬业、诚信、友善"的价值准则，并在大学生不断参与志愿服务实践的过程中得到强化，从而内化为大学生的内在品格，提升大学生的思想道德素质。再次，志愿服务活动能提升大学生专业素质和实践能力。大学生在参与志愿服务活动的过程中，将所学知识运用到广大人民群众的生产生活实际中，能进一步加深对专业知识的学习和掌握，锻炼大学生运用知识解决实际问题的动手能力，并激发大学生学习专业知识的主动性和自觉性，以更加饱满的热情和更加负责任的态度投入今后的学习生活中，进一步提升自己服务他人、奉献社会的本领。最后，志愿服务活动能促进大学生的身心健康发展。大学生走出课堂、走进社会生活现实，接受一线生产劳动的锻炼，接受社会生活的磨炼，强健自身体魄，锻炼自身坚忍不拔的意志品质，不断提升大学生的身体素质和抗压抗挫能力。同时，大学生在参加志愿服务的过程中，助人为乐、服务他人，能在服务他人的过程中不断实现自身的价值，能不断获得良好的情感体验和正面的心理暗示，培养大学生阳光、向上的心态，不断提升大学生的心理素质。此外，志愿服务活动对培养大学生解决问题的实践能力、勇于探索的创新精神，也具有十分重要的正面促进作用。

五、社会调查

社会调查是一种认识社会的科学方法，是深入社会了解社会现实的基本途径。所谓社会调查是指人们运用特定的方法和手段，从现实社会收集有关社会事实的信息资料，并对其做出描述和解释的一种自觉的社会认识活动。社会调查的目的是在调查、统计的基础上，分析其中的问题，从而揭示事物的真相和变化发展的规律，进而寻求改造社会的方法和途径。社会调查具有实践性、客观性和综合性的特征。大学生参加的社会调查活动，因为参与主体和开展目的的特殊性，不同于一般的社会调查。大学生参加的社会调查活动，一般以提高大学生社会观察分析能力等综合素质和加强大学生思想政治教育为目标，走出课堂和校园，在相关专业老师的组织引导下，围绕一定的目标而开展的社会调查实践活动。

社会调查活动是大学生走出校园、了解社会的重要途径，是实践育人的重要载体。教育部等部门在《关于进一步加强高校实践育人工作的若干意见》中强调了社会调查的育人意义，并对大学生社会调查的开展情况提出了具体的要求："每个学生在学期间要至少参加一次社会调查，撰写一篇调查报告。"参与社会调查是大学生了解社会生活、获得正确认知的基本途径，也是大学生全面成长成才的重要途径，对于大学生各方面素质的提升有明显的促进作用。

首先，社会调查活动能帮助大学生树立正确的价值观念。大学生在越学习的方式主要以课堂学习为主，接受的思想政治教育也往往以课堂理论知识传授为主要途径。因为缺少对社会生活亲身的体验和感悟，思想政治教育的认同度和实效性不够理想。大学生在相关教师的指导下开展社会调查活动，能更加清楚地了解社会现实，更加辩证、客观地了解社会中存在的种种问题，更加清楚地认识人类社会发展的规律和社会主义建设的规律，帮助大学生认识到中国共产党带领中国人民走社会主义道路的历史必然性和现实科学性，从而帮助大学生树立正确的世界观、人生观、价值观，坚定大学生在中国共产党领导下进行社会主义现代化建设，实现中华民族伟大复兴中国梦的理想信念。

其次，社会调查活动能增强大学生的社会责任感。大学生深入广大人民群众生产生活一线，参与经济社会生活，能帮助大学生更清楚地认识社会现实和中国国情，切身感受时代的脉搏，了解当前经济社会中存在的问题和面临的困难，了解广大人民群众的现实需求和迫切愿望，从而帮助大学生明确自身所肩负的时代责任和历史使命，激发大学生的责任意识和担当意识，提升大学生的社会责任感。通过社会调查活动，能引导大学生牢固树立责任意识、成才意识，增强成长成才的紧迫感和使命感，在今后的学习生活中更加刻苦学习科学文化知识，努力增强自身服务他人、奉献社会的本领，以主人翁的姿态担当起未来社会主义现代化建设事业的重任。

最后，社会调查活动能培养大学生良好的学习习惯。参与社会调查是大学生了解社会生活、学习知识的基本途径之一。毛泽东早在 20 世纪 30 年代就提出了"没有调查，就没有发言权"的论断，"你对于某个问题没有调查，就停止你对于某个问题的发言权"，"你对那个问题的现实情况和历史情况既然没有调查，不知底里，对于那个问题的发言便一定是瞎说一顿"。[①]大学生通过参加社会调查，能更好地理解、掌握所学知识，了解、认识社会问题，认识到仅靠课堂学习不能获得的知识和能力，认清理论知识无法阐明的社会现实，从而培养大学生理论联系实际的学习习惯，进一步激发

---

① 毛泽东. 毛泽东选集（第 1 卷）[M]. 人民出版社，1991：110.

大学生深入学习的主动性和积极性。同时，通过参加社会调查，能帮助大学生克服主观主义和经验主义的作风，培养大学生勤于实践、善于思考的严谨科学态度，帮助大学生养成良好的学习习惯，提高大学生的学习能力。

六、创新创业

创新是人类特有的认识能力，也是人类特有的实践能力。它是人类主观能动性高级的外在表现，其本质是突破旧的思维定式，实现新发明、新创造和新描述。创新为创业提供了技术支撑和力量之源。"创业"一词从字面意为创立或创建基业、事业。创业教育的概念最早由联合国教科文组织于 1989 年提出。我国的大学生创业活动和创业教育始于 20 世纪 90 年代。经济学家萨伊、熊彼特、沙梅等分别从经济、管理等不同角度对创新创业进行了论述。对于创业，国内学者在综合国外研究成果的基础上，结合中国实际对其进行了系统的研究，部分学者还结合当前大学生创业行为的时代背景和现实状况，对大学生创业行为进行了专门的论述，认为大学生创业从本质上来讲是一种实践活动，即大学生根据社会发展和个人就业的需要，运用自身所学的专业知识和技能，创新性、创造性地运用、整合各种生产要素和社会资源，通过为社会提供符合社会需求的产品和服务，获得报酬和社会认可，进而实现个人社会价值的实践行为。

随着高校毕业生规模的不断扩大和大学生群体就业压力的不断增加，大学生创业行为也越来越受到党和政府的高度重视与支持。要贯彻劳动者自主就业、市场调节就业、政府促进就业和鼓励创业的方针，实施就业优先战略和更加积极的就业政策。引导劳动者转变就业观念，鼓励多渠道多形式就业，促进创业带动就业，加强职业技能培训，提升劳动者就业创业能力，增强就业稳定性，全党都要关注青年、关心青年、关爱青年，倾听青年心声，鼓励青年成长，支持青年创业。健全促进就业创业体制机制。建立经济发展和扩大就业的联动机制，健全政府促进就业责任制度。规范招人用人制度，消除城乡、行业、身份、性别等一切影响平等就业的制度障碍和就业歧视。完善扶持创业的优惠政策，形成政府激励创业、社会支持创业、劳动者勇于创业新机制。完善城乡均等的公共就业创业服务体系，构建劳动者终身职业培训体系。同时要实行激励高校毕业生自主创业政策，整合发展国家和省级高校毕业生就业创业基金。健全人才向基层流动、向艰苦地区和岗位流动、在一线创业的激励机制。中共中央、国务院在《关于进一步加强和改进大学生思想政治教育的意见》中指出："要进一步建立健全大学生就业指导机构和就业信息服务系统，提供高效优质的就业创业服务。要加强大学生创新创业教育，支持学生开展研究性学习、创新性实验、创业计划和创业模拟活动。党和国家的创新创业政策为青年学生的创新创业实践搭建了广阔平台，提供了坚实的条件保障。

大学生创新创业活动包括研究性学习、创新型实验、创业计划和创业模拟活动以及创业实践等内容。20世纪80年代发达国家关于创新创业教育的理念开始传入我国，由此各高校陆续开始进行创新创业教育的实践和尝试。1989年，由团中央、科协、教育部和全国学联共同发起的首届全国"挑战杯"全国大学生科技学术竞赛在清华大学举行，活动受到了党和政府以及社会各界的高度重视和广泛关注。1999年，团中央、科协、全国学联共同举办了全国第一届，标志着创业教育开始成为全国高等学校人才培养和竞争的一个重要内容，到2022年"挑战杯"大学生创业大赛已成功举办了13届，成为我国大学生参与创新创业实践活动的重要平台。在"挑战杯"系列大学生课外科技学术作品大赛和创业计划竞赛等官方大型创新创业活动的带动下，全国大学生创业大赛、全国大学生数学建模大赛、全国大学生机械创新设计大赛、全国大学生广告艺术设计大赛等专业类和行业类创新创业活动赛事，也如雨后春笋般相继兴起。20多年来，各类创新创业类活动赛事吸引了数以百万计的大学生不断参与其中，有力地促进了大学生创新能力、实践能力培养和综合素质的提升，在高等学校人才培养工作中发挥了越来越重要的作用。

首先，创新创业活动能培养大学生的创新精神和实践能力。大学生在创新创业活动和实践中，不断面对新问题、新情况，迎接新挑战。这就需要大学生打破传统习惯和思维定式，充分发挥自身敢想敢做的特点，创造性地运用所学理论知识进行大胆尝试。这将帮助大学生打破传统思维藩篱的束缚，进一步强化大学生思维的敏捷性、灵活性和创造性，从而提升大学生的创新能力，培养大学生勇于探索、开拓进取的创新精神。同时，大学生在创新创业活动的尝试中，需要不断地将理论知识在实践中加以检验和完善，不断地将新的想法、新的思维付诸实践和行动，需要通过各种途径争取各方帮助。创新创业活动中会遇到各种困难和阻力，解决活动中的问题，能有效地锻炼大学生综合应对各种困难的承受能力和解决实际问题的动手实践能力。

其次，创新创业活动能全面提升大学生的综合素质。大学生在创新创业活动中，需要在所学理论知识的指导下开展各项工作，将理论知识在实践中进行检验和掌握，巩固专业知识和专业技能，提高自身综合运用专业知识解决实际问题的能力。大学生在创新创业活动中，需要同来自不同生活背景、不同学科门类的团队成员进行相互配合和协作，需要团队成员相互支持、相互鼓励，为实现同一个目标共同努力，很好地锻炼大学生的人际交往能力、组织协调能力，强化大学生的大局意识、集体意识、团队意识和奉献意识。此外，在创新创业的实践中，大学生抗压能力、思辨能力、社会适应能力、意志品质等各种能力和素质都将得到强化和提升，从而全面提升大学生的综合素质。

最后，创新创业活动能有效地缓解大学生的就业压力。随着我国高等教育规模的不断扩大，高等学校毕业生人数剧增。2021 届高校毕业生规模909 万，同比增加 35 万。受新冠肺炎疫情等多重因素影响，就业形势复杂严峻。高等学校毕业生人数不断激增，社会对高等学校毕业生的用人需求却相对有限。适合大学生就业的有效就业岗位与大学生就业需求之间的缺口越来越大。大学生通过参加各种创新创业活动和创业实践，能很好地锻炼大学生的创新能力和实践能力，激发大学生的创新思维、创业激情和创造意识。经过创新创业活动和实践的锻炼，越来越多的大学生加入创新创业队伍。充分利用自身的年轻热情和智力优势，发挥自身这一高素质群体的积极性和创造性，积极投身创业实践。这不仅能有效地解决这一部分大学生的就业问题，还能吸纳更多的毕业生就业，为社会提供就业岗位，缓解整个社会的就业压力。

七、勤工助学

勤工助学是在校大学生利用课余时间参加的以获得经济报酬、积累社会经验、培养自身能力等为目的而进行的各类实践活动的总称。近年来，随着高等教育事业的不断发展，大学生规模不断扩张，参加勤工助学的大学生数量也随之增多，勤工助学活动也从简单地为家庭经济困难学生提供经济支撑，演变成为大学生参加社会实践、全面提升个人素质的重要途径和载体。教育部、财政部关于印发《高等学校勤工助学管理办法（2018 年修订）》（简称《管理办法》），为管理高等学校学生勤工助学工作，促进勤工助学活动健康、有序开展，保障学生合法权益，帮助学生顺利完成学业，发挥勤工助学育人功能，培养学生自立自强、创新创业精神，增强学生社会实践能力提供了保障。《管理办法》指出"勤工助学活动是指学生在学校的组织下利用课余时间，通过劳动取得合法报酬，用于改善学习和生活条件的实践活动。"勤工助学活动是大学生社会实践活动的重要内容之一，是高校实践育人的主要形式。

第一，勤工助学活动是大学生思想政治教育的有效手段。大学生通过参加勤工助学活动，走出课堂、走向社会，能进一步了解社情民意，还可以使他们了解经济社会发展的现实，了解中国特色社会主义建设取得的伟大成就，加深对党的纲领路线方针政策的认识、理解和认同，更加清楚地认识社会发展规律和社会主义建设规律，更加坚定自觉地跟中国共产党走中国特色社会主义道路，为实现中华民族伟大复兴的中国梦而勤奋学习、不懈奋斗。

第二，勤工助学活动能有效提升大学生的综合素质。大学生在勤工助学活动的过程中，接触经济社会发展的实际，深入生产劳动一线，将所学知识加以运用，不断加深对所学理论知识的掌握，并在实践过程中不断深化、内化为自身的知识和能力，从而锻炼自己运用专业知识的能力，实现融会贯通，最终提升大学生解决实际问题的实践能力。大学生在勤工助学的实践活动中，不断接触新事物、面临新状况、解决新问题，能最大限度地激发大学生的创造激情和动力，为大学生从事创新创造提供机会和平台，促进大学生创新能力的提升和创新精神的培养。大学生通过参加勤工助学活动，直接从事各种各样的生产活动，接受实践活动的锻炼和磨砺，能强健大学生的体魄，提高大学生的身心素质。大学生参加勤工助学活动，需要与不同的社会成员进行交流、沟通，需要和其他同学进行团结合作，能培养大学生的集体意识和团队精神，锻炼大学生的人际交往能力。同时，大学生走出课堂和寝室，参与丰富多样的社会实践，能帮助大学生树立阳光、开放的健康心态，提升大学生的心理健康水平。

第三，勤工助学活动能培养大学生良好的道德品质。大学生参加勤工助学活动，参加各种生产劳动，能增强大学生对广大劳动人民的了解和体悟，强化大学生的劳动观念，培养大学生良好的社会品德和职业道德。在勤工助学活动中，大学生通过参加勤工助学获得报酬，能深刻理解劳动的艰辛和不易，体悟"没有付出就没有回报"的道理，从而培养大学生正确的价值观念和生活态度，帮助大学生树立劳动光荣的价值观念，自觉抵制不劳而获的错误思想。勤工助学使大学生获得经济收入的同时，能强化大学生自立、自强的意识，改变大学生对助学金、困难补助等经济资助的依赖，培养大学生对自身负责、主动承担社会责任的积极性。同时，大学生在课余时间参加勤工助学工作，需要不断地面对并克服学业、生活等各方面的压力和问题，锻炼大学生的意志品质和毅力，全面提升大学生的综合素质。

第四，勤工助学活动能提升大学生的社会化程度。在勤工助学活动中，大学生按照相关组织的统一要求，在规定的时间内完成一定的任务安排，获得相应的经济报酬。大学生通过承担具体的工作职责，体验不同的社会身份、适应不同的社会角色，了解社会分工和社会运转的基本情况和基本规律，有利于大学生科学准确地自我定位，摆正自己与他人以及与社会的关系，更加客观地认识和处理个人发展与社会需求的关系，明确今后个人努力的方向，从而提高大学生的社会化程度。同时，大学生通过参加勤工助学活动，尽早接触社会生活现实，锻炼大学生的社会适应能力，为大学生积累社会经验和人生阅历，提升大学生的心智成熟水平，帮助大学生尽快实现从学生到社会人的转变，为大学生顺利适应未来的社会生活打下良好基础。

第三节　高校实践育人的原则

在科学分析高校实践育人面临的时代机遇和实践育人工作现状的基础上，从顶层设计上合理构建高校实践育人的目标和内容，坚持教师主导与学生主体相结合、第一课堂与第二课堂相结合、能力培养与品德锤炼相结合、校内主动与校外联动相结合的原则，能构建起最大限度调动各方参与、最高效率保障育人效果的高校实践育人工作体系。

一、教师主导与学生主体相结合

教师和学生是实践育人工作体系中两类不同角色。从高校实践育人工作的角色划分角度来看，必须发挥教师的主导作用、坚持学生的主体地位，共同作用于学生成长成才这一实践育人目标。

教师是高校实践育人的主要力量，在实践育人中起着主导作用。实践育人是高校人才培养工作的有机组成部分，教师作为高校人才培养工作的主力军，在实践育人中起着主导作用。教师的主导作用主要体现在如下三个方面。

第一，教师保障实践育人工作方向。受认识局限性和个人主观性的影响，大学生在规划自我发展方向、自我检视发展需求等方面不可避免地存在一定缺陷和不足。这些缺陷和不足需要教师来帮助大学生厘清个人发展需求，引导发展方向，纠正发展偏差，起到定向纠偏的作用。

第二，教师协调实践育人资源。学校作为办学主体，教师作为教育主体，能拥有和支配教学资源，联系和协调社会资源支持学生开展实践活动。在高校实践育人工作体系中，坚持教师主导，积极协调各方资源来支持学生在实践中成才。

第三，教师提供实践活动指导。实践活动离不开理论与实践相结合，离不开书本知识的应用。教师掌握着更加丰富的专业知识，更加全面的理论基础，能有效指导学生开展实践活动，特别是在专业实习、社会调查等教学实践活动中，教师指导是保障实践活动效果不可或缺的因素。

学生主体是高校实践育人的核心。在高校实践育人中应坚持以学生为主体，充分调动和发挥学生的主观能动性。实践育人归根到底是促进学生的健康成长相全面发展，其出发率和落脚点都是学生的成长和发展。坚持学生主体原则，必须把握如下三个方面：

第一，坚持以学生的需求为实践育人的出发点。在策划实践活和安排实践内容时，以学生是否实际需要、学生有哪些需要为工作的第一信号和首要考量，做到绝不开展不符合学生成长需要的活动，绝不开展不利于学生全面成长的活动。

第二，坚持在实践活动过程中尊重学生自主选择，鼓励学生发挥主观能动性。实践活动在本质上属于一类教育活动，教育活动中必须充分调动学生的参与极性，赋予学生一定的自主选择权，尊重学生独立完成、主动完成的主体地位。

第三，坚持以推动学生健康成才、全面发展为实践育人的最终归宿。在评判实践活动效果、检验实践活用效益时，要以是否能有效推动学生成长成才为最基本的评判因素，根据在学生成才中的贡献度来评价实践活动效果，积极探寻实践活动改进措施。

高校实践育人实现教师主导和学生主体的协调统一。教师扮演好引导者、组织者、服务者角色，鼓励学生扮演好参与者、学习者、评价者角色。教师的职责重在引导，为实践育人工作起到定向纠偏作用；重在组织，积极协调各方资源支持学生投身实践；重在服务，及时响应学生需求提供必要的指导协助。学生的作用重在参与，深刻认识实践活动的重要性和必要性，积极投身到实践活动中；重在学习，认真总结思考实践活动收获，从实践活动中学习知识、增长才干；重在评价，科学评价实践活动效益，协助学校加强和改进实践育人工作。最终,通过教师主导、学生主体,发挥好实践活动的育人功能。

二、第一课堂与第二课堂相结合

第一课堂和第二课堂是实践育人体系中两类不同的阵地。从高校人才培养大体系来看,高校第一课堂、第二课堂在人才培养上各有分工、各有侧重,共同承担着培育德智体美劳全面发展的大学生的使命。具体到高校实践育人工作,也应坚持第一课堂、第二课堂相结合,有机协作,协同育人。

第一课堂是依照学校既定的人才培养方案,在较为固定的空间环境内按照一定的教学大纲开展教学活动,是传统意义上的课堂教学。第一课堂是高校人才培养的主阵地,讲授内容、师生互动形式都较为规范。第一课堂在实践育人工作中同样发挥着重要作用,主要体现在如下两个方面。一方面,第一课堂开展教学实践、科技创新等学生实践活动具有先天优势。教学实践、科技创新等活动的基础知识来源于课堂教学,活动开展依赖于任课教师的指导。活动目的之一是帮助学生更好地认识和掌握第一课堂所学知识。如果离开第一课堂的支撑开展此类实践活动,将直接影响活动效果,甚至无法正常开展活动。另一方面,第一课堂拥有最为丰富的、能支持实践活动开展的资源禀赋。第一课堂是大学生人才培养的主课堂,国家和高校在课时设计、经费投入、师资力量配备、教学基础设施投入等资源分配方面都向第一课堂倾斜。开展好实践育人工作,离不开科学借助和高效利用第一课堂所拥有的丰富资源禀赋。

第二课堂是课堂教学以外的育人活动,是在第一课堂学习基础上进行的有效延伸、补充和发展。在高校人才培养工作中,第二课堂的育人功能越来越被教育主客体双方所认知,同时也发挥着越来越重要的作用。实践育人应与第二课堂紧密结合。首先,第二课堂所拥有的生动、主动等特性是实践育人功能实现所需的核心资源。相比第一课堂,第二课堂形式更加生动丰富、学生主观能动性更加得到激发,这些特性与实践育人功能实现的本质诉求和关键资源紧密相关,学生主动参与的积极性直接影响和决定实践育人的效果。实践育人离不开生动活泼、丰富多彩的第二课堂教育。其次,部分第二课堂活动具有实践育人功能。以志愿服务活动为例,它是高校思想政治教育工作的重要载体,是第二课堂的主要育人形式之一。在引导大学生服务社会、奉献他人的同时能实现锻炼自己、增长才干,实现育人效果。

第一课堂与第二课堂有机结合，是做好高校实践育人工作的关键。第一课堂能规范实践育人形式，开展教学实践活动，提升学生实践技能。第二课堂能激发学生参与实践活动兴趣，组织开展形式多样、内容丰富的实践活动，直接为学生提供实践平台。坚持第一课堂与第二课堂相结合，开展实践育人工作，才能提升学生的实践技能与实践热情，并为开展实践活动提供实践平台。

三、能力培养与品德锤炼相结合

能力培养与品德锤炼是实践育人工作体系中两类不同的目标。能力培养侧重于"能"，指的是培养学生认识社会、改造社会的专业技能和个人素质。品德锤炼侧重于"德"，指的是培养学生积极向上、乐观进取的思想品德和公民道德。能力培养与品德锤炼必须作为实践育人工作中既有差别又相统一的目标。

实践育人着眼于提升学生专业能力和个人素质。人的全面发展，离不开人的能力的全面发展。实践育人应着眼于如下三种能力的培养。

第一，认识社会的能力。实践活动作为大学生了解社会、认识社会的窗口，通过开展社会调查、假期社会实践等形式，帮助学生搭建从学校走向社会的桥梁，进而更加明确自身成长需要，把社会发展与个人进步紧密结合起来，成长为国家和人民所需要的社会主义建设者和接班人。

第二，创新实践的能力。实践是创新能力培养的重要载体，实践活动作为大学生运用专业知识、实现理论与实践相结合的有效形式，在实践过程中注重培养学生实践能力，激发学生创新思维，培养学生创新精神。

第三，从事基本劳动的能力。针对当代"00"后大学生成长环境和性格特点，组织学生开展勤工助学、志愿服务、军事训练等实践活动，引导他们从事一定量的基本劳动，能培养他们从事基本劳动的能力和身体素质。

品德锤炼是实践育人的题中应有之义。实践育人，一是培养大学生的社会责任感。在组织大学生认识社会和服务社会的过程中，着力引导他们正确认识自身在社会发展中所承担的角色，培养他们的集体荣誉感、社会责任感和自身使命感。二是培养大学生坚强卓越的意志品质。在大学生走向社会、走进实践的过程中，不可避免地会遇到新问题、碰到新困难。大学生在克服困难和解决问题的过程中能培养自身不怕挫折的意志、顽强奋斗的品质和坚守胜利的信心。三是培养大学生对劳动和劳动人民的感情。亲身从事生产劳动实践，是引导大学生认识劳动艰辛、珍惜劳动成果、培养对劳动和劳动人民感情最直接的形式，能发挥书本知识学习和理论说教所无法发挥的作用。

高校实践育人既要注重能力培养，又要做好品德锤炼。脱离了品德锤炼的实践育人，培养出来的只能是"有能无德"的废才，脱离了能力培养的实践育人，培养出来的只能是"有德无能"的庸才。只有坚持能力培养与品德锤炼相结合的实践育人目标，才符合马克思主义视域下人的全面发展的要求，才能培养出合格的社会主义建设者和接班人。

四、校内主动与校外联动相结合

校内与校外是高校实践育人体系中的两类不同的阵地。实践育人需要校内主动与校外联动相结合。校内主动就是要在实践育人中注重挖掘校内资源，积极开展实践育人活动。校外联动就是要积极联系校外资源，通过校企联合、校地联合等形式为学生实践活动提供平台、政策、资金等，最终共同实现校内外协同育人。

校内主动是做好实践育人工作的前提。学校作为一个独立主体，承担着实践活动组织管理职能，教师扮演实践活动主导角色，学生承担实践活动主体角色，这些要素都从属于校内子系统。要素的主动合作是维持系统良性运转，保障实践活动效果的基本前提。校内主动一方面是思想上的主动。学校和教师应充分认识实践育人的重要性，加强组织领导，投入必要的人力、物力、财力和政策倾斜来大力支持学生开展实践活动。另一方面是行动上的主动。学校要主动收集学生实践成长的发展需求，全面梳理自身能用于支持学生开展实践活动的资源，积极协调校外资源支持学生开展实践活动，通过评先评优等形式激励学生积极开展实践活动。

校外联动是做好实践育人工作的支撑。大学生实践成才所需的平台、政策等资源是高校不具有或者无法提供的，校内应加强与校外的联动。一是实现政策联动，积极向各级政府部门反映大学生开展实践活动所需的政策支持，从加大财政投入、出台保障措施等方面，营造全社会共同支持大学生参与实践活动的政策环境。二是实现平台联建。积极向企业反馈学生实践平台需求，争取企业提供更多、更加契合学生成才需要的实践平台和实践岗位来支持学生开展实践活动。三是实现资源联动。学校加大与企业、地方之间的沟通协作，设立学生实践活动支持资金，加强学生实践活动指导教师的培训力度，优化学生实践活动支持资源，强化学生实践活动保障条件。

高校实践育人坚持校内主动与校外联动相结合。校内主动是校外联动的基础，校外联动是校内主动的支撑。只有实现了校内主动，才能为校外联动提供明确的联动方向，才能调动起校外联动的积极性。校外联动是校内主动的支撑，可以弥补校内的若干缺陷，为实践育人提供更丰富的政策、平台和资源支持。校内主动与校外联动相结合，能最大限度地开发高校实践育人资源，实现实践育人的资源协同。

五、积极扶持与严格考核相结合

扶持和考核是高校实践育人体系中两类不同的方法。扶持侧重于"拉"，是通过舆论宣传、政策保障、载体建设、资金投入等形式支持开展实践育人活动，为实践育人活动提供资源保障。考核侧重于"推"，是通过学生体验性评价、教师指导性评价、学校综合性评价等形式，加强对实践育人主客体育人成效的考核，确保实践育人效果。

积极扶持是高校实践育人的前提。实践育人应注意做好以下三个方面的扶持投入。一是强化舆论引导。对于高校实践育人，舆论宣传起着统一思想、凝聚力量、宣传发动、激励推动的作用。在教育部等部门下发的《关于进一步加强高校实践育人工作的若干意见》中指出要强化舆论引导。二是加强载体建设。在校内外建设一批思想政治教育基地、教学实习基地、就业实习基地、创新创业基地、社会实践基地、军训基地、志愿服务基地和勤工助学基地等，规范基地运作模式，提升基地育人功能，为大学生开展实践活动提供平台和岗位。三是加大资金投入。学校要设立实践育人专项经费，新增生均拨款和教学经费要优先用于实践育人工作，形成实践育人经费常态化增长机制。通过发动校友捐资、企业合作投资等方式，多渠道吸引实践育人的资金投入。

严格考核是实践育人效果的保障。科学合理的考核评价机制能发挥导向、选拔、激励和预测功能，提升高校实践育人工作效果。应该把实践育人工作效果评价与学生体验性评价、教师指导性评价、学校综合性评价结合起来。一是把实践育人课程建设，实训基地、实践基地和实验室等教学基本设施建设，实践育人的实效纳入学校办学水平考核评价指标，在办学水平评估中体现实践育人的目标导向。二是建立以学生综合素质和实践能力全面提高、个性特长和创新潜能充分发挥为综合评价标准的学生综合素质评价观。把创新精神和实践创新能力作为学生综合素质评价的一级指标，把参与教学实习、创新创业、志愿服务、勤工助学等实践活动情况作为二级指标，赋予相应的权重来进行评价。三是将实践育人考核纳入教师业绩考核，将教师指导学生开展实践教学、实习实训和社会实践活动情况作为教师工作业绩考核的重要组成部分。

高校实践育人坚持积极扶持与严格考核相结合。其中，积极扶持是前提，严格考核是保障。只有从政策、资金、载体、舆论等方面加大扶持力度，才能为实践育人工作提供强有力的保障。只有建立好科学合理的考核评价机制，才能更好地引导实践育人工作方向、保障实践育人工作效果。脱离了扶持的考核是无根之木，脱离了考核的扶持是放任自流，必须坚持扶持与考核并重，才能促进高校实践育人工作水平的提升。

第四章　构建高校实践育人的机制

作为高校实践育人的重要原则之一，合力、协同、合作的方法不仅适用于实践育人资源的开发，更贯穿于实践育人的全过程。高校作为正式组织，为提升实践育人质量，应构建合力育人机制，通过整合资源、完善保障机制，形成全员育人的合力，有效解决当前实践育人困境，提升高校实践育人质量。本章将着重探讨高校实践育人的合力机制，从构建协同机制、保障机制以及评价机制三个方面进行讨论，以寻求促进高校实践育人的科学发展。

第一节　构建高校实践育人的协同机制

生态系统理论认为个体的发展是嵌套于相互影响的一系列环境系统中的。因此影响学生发展的不仅是学生自身，还与其所处的高校系统、家庭系统以及社会系统相关。所以，高校实践育人不仅仅是高校的任务与职责，也需要社会外部环境的支持与配合。

客观地讲，高校协同育人体系应是学校外部系统与内部系统相互融合的统一整体，即学校内部各部门之间的联动，学校与政府、教育部门以及企事业单位等之间的联动。教育部等部门颁发的《关于进一步加强高校实践育人工作的若干意见》指出："实践育人是一项系统工程，需要各地区各部门的大力支持，需要各高校的积极努力。推动地方各级政府整合社会各方面力量，大力支持高校实践育人工作。教育部门要加大对高校实践育人工作的指导和支持力度，进一步发挥好沟通联络作用，积极促进形成实践育人合作机制。"这里将从资源共享、部门联动、全员育人三个层面对高校实践育人的协同机制予以阐述。

一、建立健全实践教育资源共享机制

（一）资源与资源共享

"资源"是日常生活中最常见和最常用的词汇之一。无论从资源广义

视角还是狭义视角来看，资源都是一种物质要素，并具有一定的局限性和地域性。马克思指出："要改变一般的人的本性，使它获得一定劳动部门的技能和技巧，成为发达的和专门的劳动力，就要有一定的教育或训练，而这就得花费或多或少的商品等价物。"①这说明资源是为人类社会活动服务的，任何人类活动都必须以一定的资源作为支撑。历史和现实都表明，资源是社会发展的前提和基础，无论资本主义国家发展还是我国社会主义现代化建设，都是建立在资源利用的基础上，因此可以说资源对社会发展起着决定性的作用。高校实践育人作为高校对大学生施加有目的、有计划、有组织的影响，帮助他们增强社会责任感、提升创新精神和实践能力的实践活动，必须要以一定的资源作为支撑。

实践育人资源是资源的一种类型，存在于高校内部以及与高校相关联的社会机构和社会组织当中，介入实践活动，能被教育者开发和利用，为高校实践育人服务并且能发挥一定教育价值功能的各种资源集合。实践活动是以物质为基础的活动，实践育人资源更多强调资源的客观存在，即物质资源。本书界定的资源为实践育人的物质资源。实践育人资源按照实践育人的形式可以分为教学实践类资源、军事训练类资源、主题教育活动类资源、志愿服务类资源、社会调查实践资源、创新创业资源和勤工助学类资源。其中教学实践类资源包括学校专业实验室（实验中心）、校内专业实习实践基地（校办工厂、校办企业等）、与企业共建的教学实践实习基地和企业提供实践实习场所等；军事训练资源包括军训场所、军训器械和军训物资等；主题教育资源包括历史文化圣地、革命烈士纪念馆、博物馆和以校园文化为载体建设的各类大学生思想政治教育基地等；志愿服务类实践资源包括志愿服务基地（福利院、孤儿院、社会矫正机构和贫困小学等）以及其他接纳志愿服务的单位；社会调查资源包括乡镇农村、厂矿企业和其他接纳大学生社会调查活动的场所；创新创业资源包括各高校建立的创新创业基地、政府建立的企业孵化器和大学生创业中心等；勤工助学实践资源包括校内外大学生勤工助学基地和企业提供的勤工助学岗位等。这些实践资源是开展高校实践育人工作的基础，是提升实践育人质量和效果的重要保障。

（二）实践育人资源的特点

实践育人资源作为资源的一种，从本质属性上来看具有以下三个特点。

---

① 马克思. 资本论（第 1 卷）[M]. 北京：人民出版社，1975：195.

1．数量上的有限性

有限是指有条件的、在空间和时间上都有一定限制的、有始有终的东西，是相对于"无限"而言的。所有的资源都是在一定的自然和社会条件下生长而形成的，资源具有生成性的特点。从资源的数量与需求关系来看，现实可以提供的资源总是有限的，实践教育教学活动的资源也不例外，如教学实习基地、教学实验中心等教学类资源受制于学校经费投入、学校整体规划和学科建设等多重因素影响，这些实践教学相对数量庞大的大学生群体来说，人均占有面积或占有的资源比例都是比较偏小的。此外，历史文化圣地、博物馆等主题教育资源都是不能再生或修复的，无法满足日益增长的需求。这也说明从数量上来看，实践育人的资源是有限的，数量上的有限性要求我们在有限资源的基础上善用、善借其他地方的资源。

2．功能上的互补性

实践活动资源是为一定的实践育人目标服务的。以大学生为资源客体，实现实践育人教育人、引导人和发展人的目的，进而达到促进人的全面发展的教育终极目标，从而实现了实践育人资源的价值与意义。虽然实践活动资源能实现实践教育教学的育人功能和社会功能，但由于实践活动的不同，导致实践育人资源存在差异性。不同层次、不同类别的学校的实践活动资源功能存在学科性和专业性等方面的差异。校内实践活动资源与校外实践活动资源也存在着差异性，学校实践活动注重培养的创新意识和创新能力，校外实践活动资源注重培养学生应用知识解决实际问题的能力。不同类型的资源也存在着差异性，如军事训练资源着力培养学生的国防意识和吃苦耐劳的品质；主题教育类实践资源重在引导学生践行社会主义核心价值观，增强爱国主义和集体主义观念；志愿类实践资源育人的着力点体现在提升大学生的社会责任感，不同的实践育人资源在功能上体现出的差异性，标志着单一资源存在功能局限性。这一特点就要求我们能充分利用各类资源，注重实践育人资源功能上的互补性，最大限度地发挥资源的功能与作用，服务于实践育人。

3．分布上的差异性

世界上的一切物质都处于发展变化中，实践活动资源作为一种客观存在的物质，也存在时空性和动态性，他们的分布和存在不是静止的，而是在不断地变化的，因此，资源的分布在时空上、区域上以及类别属性上都存在差异性。首先，随着我国经济社会发展，工业化步伐加快，生产企业数量不断增长，在为我国城乡居民提供大量就业机会的同时，也为广大学生提供了实习实践的机会。其次，随着国家对教育事业的重视和对教育投入的加大，学校的基础办学条件、与专业实习密切相关的实践教学基地等教学实习条件得到改善，与改革开放之前相比有显著性的变化。校内外的实践资源数量也出现了明显的增加，同时也发生了结构和内容的深层次变革，为开展实践教学提供了良好的基础。实践资源除了在不同时间段内的分布存在差异性外，在不同的地理空间以及不同的学校类别间的分布也是不均衡的。比如不同层次、不同类别的高校由于政府经费投入、学校发展规划等多重因素的影响，实践活动的资源也存在着明显的差异性。

实践育人资源的上述三个特点揭示了其与一般资源的不同之处，突出了实践育人资源共享的必要性和重要性。实践育人资源的有限性特点要求我们必须努力用好现有资源、积极争取场外资源。实践育人资源的互补性特点要求我们必须加强顶层设计、高处着眼谋划。实践育人资源的差异性特点则要求我们必须加大投入力度，做好统筹协同。马克思主义哲学强调用普遍联系的观点看待世界，系统论也强调系统具有非加和性的特点，即系统的整体功能大于各部分功能的简单加总。

（三）实践育人资源共享的作用

高等学校的实践育人是一个涉及多项活动、涵盖多个领域、具备多条功能的系统工程。实践育人的效果如何取决于组成这个系统的各个要素的作用发挥情况以及是否形成合力。因此，为了增强实践育人效果、实现实践育人目标，必须充分整合各方力量、优化组合可及资源，使各相关要素发挥最大效能。共享是不同主体对于资源在不同程度上的共同享有、享受或使用。实践教育教学资源共享是指不同的主体对于实践资源在不同程度上的共同享有、享受或使用。实践资源共享简单地说就是资源的共同利用，是资源被两个或两个以上的单位或个人利用的形式。

中央网络安全和信息化委员会发布的《"十四五"国家信息化规划》指出："要加快建设中国教育专用网络和"互联网+教育"大平台，构建泛在的网络学习空间，支撑各类创新型教学的常态化应用，推动优质教育资源开放共享，缩小区域、城乡、校际的差距，实现更加公平更有质量的教育。"《关于进一步加强高校实践育人工作的若干意见》提出："要进一步强化实践教学环节，加强实验室实习实训基地实践教学共享平台建设。"这进一步强调了教育资源共享对于提升教育教学质量和科研水平的重要性。

资源共享能促进教育公平。《中华人民共和国国民经济和社会发展第十四个五年规划和 2035 年远景目标纲要》指出，"十四五"期间要大力推动教育公平、提升教育质量。促进教育公平是党和国家对人民的庄重承诺，也是广大人民的热切期待，促进教育公平的根本措施是合理配置教育资源。公共教育资源配置公平，既是教育机会公平的重要途径，也是教育公平的更高层次要求。在现有公共教育资源模式固定的情况下，资源共享是实现资源公平配置的有效途径，能让更多的大学生有实践实习的机会，更好地提升自身的综合素质和可持续发展能力。

教育资源共享是践行科学发展观、促进高等教育可持续发展的必然要求。无论是从促进高校可持续发展的内部客观需要来看，还是从增强高等教育区域竞争力、拓展外部生存空间的现实需要来看，资源共享能推动资源的有效合理利用，促进实践资源的有效分享，更好地促进各种资源要素的优化配置，提高资源的利用率。资源共享改变了那种分散、封闭、单一、重复建设、条块分割、各自为政的倾向，使实践教育资源由独占的、非均衡状态向共享均衡状态转化，从而形成集中、开放、条块结合、优势互补的实践育人资源共享格局，达到有效开展实践育人工作的目的。

（四）实践育人资源利用的基本原则

实践育人资源数量上的有限性、功能上的互补性和分布上的差异性决定了资源共享的必要性和紧迫性，这也是实践育人资源共享的逻辑起点。实践资源共享不是无条件的，也不是无规则和无保障的。必须坚持实践资源共享的基本原则，才能促进资源配置更加合理，资源利用更加高效，进而实现资源效益最大化。

1. 开放性原则

开放是指一个系统内部与系统外部之间的状态，其目的在于交流和互动的有效性实现。自助理论中的耗散结构理论认为，与外部环境间的物质和能力交换，即实现系统的开放性，是系统有序发展的前提。坚持开放性原则使人力资源、物力资源的交流以及信息的交流和共享成为可能。邓小平同志指出："现在的世界是开放的世界。"[①]改革开放的历史经验告诉我们，国家富强和社会发展离不开开放的理念和开放的环境。

习近平总书记在博鳌亚洲论坛 2013 年年会开幕式上指出："'海纳百川，

---

① 邓小平. 邓小平文选（第 3 卷）[M]. 北京：人民出版社，1993：64.

有容乃大.'我们要秉持开放包容，积极借鉴其他地区发展经验，共享发展资源，推进区域合作，为促进共同发展提供广阔空间。"①高等教育作为社会大系统的一个子系统，担负着人才培养、科学研究、社会服务和文化传承与创新等职能，必须坚持面向世界、面向未来、面向现代化的开放性办学方向。高等教育只有主动融入世界和社会的发展中，为世界发展、社会进步作出永续贡献，才能体现自身价值，实现自身可持续发展。坚持开放性的原则必须要打破狭义的资源有限论，立足于开放式办学的大实践育人观，构建优质资源开放的平台，将优质的实践资源进行开放。同时，要建立资源开放的绩效评价和机制，充分调动各方面的积极性进行资源共享。秉持开放性的原则，在实践资源共享时，要明确资源开放的内容、时间、要求，并完善资源开发利用的系列制度，为资源开放提供强有力的保障。

2. 互惠性原则

资源共享是在特定的范围能将全部或部分资源提供给固定对象或个人来分享利用。这表明了资源共享的现实性和条件性，是遵循经济规律的、建立在互惠互利基础上的资源共享模式。从人类学研究的角度来看，人类的共享行为可以分为三种形式：简单的非互惠给予、买卖交换以及互惠交换，而互惠交换是最主要的形式。

从经济学的角度来说，资源的共享要体现资源的公共性和专有性的均衡，社会交换理论认为，人类的一切行为都受到某种能带来奖励和报酬的交换活动的支配，实践育人资源存在着数量上的有限性和功能上的互补性等特点，因此，在实践育人资源共享组织中树立互惠性原则，强调置换型对等的原则，即各方共享的资源能满足各方的需求，使各方在某些方面相等或平衡。结构主义代表列维·施特劳斯认为，在交换过程中，只有对等的交换关系才能得以维持。如在企业和高校之间，前者为后者提供了学生实验实习的生产设备、企业实习指导，后者为企业提供了科研技术支持或推荐优秀毕业生到企业就业等。这种对等置换体现了互惠互利的原则，所有参与共享的成员都应本着互惠原则投入其中，认识到所有成员均是权利与义务均衡的行为主体。只有在参与资源共享的过程中获益，才能激发各方成员参与资源共建、共享的积极性，进而促进高校、企业等不同资源主体依据自身特色和资源禀赋促进实现全方位的资源共享，从而提升资源共享的有效性。

---

① 习近平. 共同创造亚洲和世界的美好未来[N]. 人民日报，2013-4-8（1）.

3．以生为本的原则

赫茨伯格的双因素理论认为，保健因素不能激发个体的积极性，要激发个体的积极性必须采用激励因素，即注重以人为本，通过成就、认可等方式来调动个体的积极性。可见，以人为本是现代管理的重要理念，是提升业绩的重要方法。对于实践育人而言，以生为本的重要性同样不言而喻。有学者指出，"教育是一种为提升人类臻善的服务，教育有别于其他公共服务，是'育人'的事业。"[①]教育的根本任务是培养人。《国家中长期教育发展改革规划纲要（2010—2020 年）》指出："牢固确立人才培养在高校工作中的中心地位，着力培养信念执着、品德优良、知识丰富的高素质专门人才和拔尖创新人才。"

《教育部 2022 年工作要点》指出："要积极探索拔尖创新人才早期发现和选拔培养机制，加大强基计划实施力度，支持实施本硕博一体化人才培养改革。办好高等教育必须深刻回答培养什么样的人、如何培养人的问题。"高校的一切工作都要以促进大学生的全面发展和提升大学生的综合素质为前提。实践资源作为重要的育人资源，学生是资源使用的主体，衡量资源共享的必要性、效果等，要看是否对学生有利。实践资源共享坚持以生为本的原则，一是要了解学生的需求，尊重学生的需要，以提升学生实践创新能力的视角、满足学生实践活动需求为基本出发点和落脚点，厘清学生对实践资源的需求内容、方式和数量，尽可能为学生提供所需的实践资源；二是要让学生充分享受共享资源，为学生更好地开展实践活动提供坚实保障。本着有利于学生实践能力提高、综合素质发展的目标，秉承互惠共享的理念，努力创造出各种共享途径和方法，让更多学生享受优质实践资源，为大学生全面发展提供机会和条件。

高校实践育人共同体是资源共享的有效形式。"共同体"一词最早由社会学家滕尼斯提出，意指处于不同关系的人或物的结合，共同体的本质就是有机生命的结合，共同体的形成对于处在共同体内部的个体是有益的。就高校实践育人而言，构建实践育人共同体或高校战略合作联盟，就是要构建一个能有效解决资源分布不均、资源总量有限、资源构成差异大等问题的高校地缘共同体或精神共同体。目前国内高校资源共享的主要形式有高校间合作办学或成立高校教学共同体，其实践始于 1979 年。当时，国内大学校际小规模、经常性的合作曾一度兴起，不少高校根据自身的需要和

[①] 戴晓霞，莫家豪，谢安邦. 高等教育市场化[M]北京：. 北京大学出版社，2004：112.

条件，与邻近的高校或不同地区的高校进行了多种形式的合作。高校战略合作联盟成立主要依据就近的原则或行业性对口的原则。这种高校战略合作联盟通过开展人才培养和科学研究等方面合作，实现了实践教育教学资源的共享。九校联盟（简称 C9 或者 C9 联盟），是中国首个顶尖大学间的高校联盟，联盟成员都是国家首批"985 工程"重点建设的一流大学，包括北京大学、清华大学、哈尔滨工业大学、复旦大学、上海交通大学、南京大学、浙江大学、中国科学技术大学、西安交通大学共 9 所高校。C9 联盟，旨在共享资源，加速发展，通过加强深层次合作与交流，利用优质办学资源互补优势，更好地培养各类人才。C9 联盟开启了人才培养新局面，在之后中国的人才培养中起到示范与引领作用。

从上述高校合作联盟所取得的成绩来看，构建高校实践育人共同体是必要且可行的。一是共同体的成立能满足学生日益成长的需求，促进学生的发展；二是共同体间的互动合作能有效解决资源困境，充分发挥实践育人资源的功能；三是共同体的构建有利于高校实践育人水平的提升，推动高等教育的发展。当然，高校实践育人共同体作用的发挥是需要一定的前提和基础的，必须是建立在开放、互惠、以生为本的原则之上，必须有完善的合作制度以及组织领导作为保障。

二、推动建设实践育人部门联动机制

系统论认为任何系统都是一个有机的整体，它不是各个部分的简单机械的相加，而是建立在合作联动基础之上的资源最佳分配，强调从要素的结构和功能分析中形成最佳配置。教育整体观则是以系统论为理论基础，强调把高校教育作为一个统一有机整体，运用全面协调的发展原则，强调部门联动，从而实现效益最大化。就高校实践育人而言，它是一项复杂、艰巨的整体性和系统性工程，涉及高校、政府、企事业单位等诸多部门。实践育人工作的落实与深入推进不是一个部门的事情，更不是单一部门和组织能做好的事情，需要充分利用系统论和教育整体观的理念，将各部门、各组织之间联动起来，更需要政府、实践育人接纳单位与高校等诸要素的相互支撑，形成良性互动，为实现资源共享提供可能，为实现资源的共享提供可能，以实现高校实践育人工作的有效衔接和密切配合，共同作用于高校人才培养质量的提升。

在很长一段时期内，我国高等教育沿袭计划经济体制下的资源配置方式，即教育资源一旦以条块分割的方式配置到各高校，资源的使用权和所有权就为各高校所有。同样，高校在校内配置资源时，图书馆、实验室师资等各种形式的教育资源也分散在图书馆、教务处、网络信息中心及各院系等不同部门。高校间资源管理各自为政，校内的教育资源管理部门在行政上又隶属于不同的部门，部门间又各自为政，无论是高校间的共享还是校内的共享都没有协调一致的工作机制，这种分散的管理体制难以盘活教育资源存量，难以发挥教育资源的整体价值，难以提升教育资源的利用率，更难以保障教育资源共享的长效运行，这对协同创新也是一种障碍。除此之外，由于缺乏必要的实践育人联动机制、实践育人工作的条块分割、高校自身管理体制等诸多原因，课堂教学、第二课堂、校园文化建设三者之间不能很好地连接，甚至相互脱节，大学生课堂教学属于教务部门管理，社会实践活动组织属于学生工作部门或团委，这就造成学校在观念层面上对课堂教育与社会实践活动的认识不统一、不到位，理论教学不能很好地与实践结合起来，达不到应有的教学和教育的效果，造成脱节的现象。

进入 21 世纪第三个十年，教育体制改革系统推进，提出要更新人才培养观念、创新人才培养模式。就当前的状况来看，高校内部各相关职能部门之间、高校与政府部门和企事业单位之间，缺乏相互沟通、配合，联动机制不够畅通；政府在实践育人工作中仍存在缺位、越位、失位、错位、角色扮演混乱等情况；系统教育的力量比较薄弱，实践育人的合力不够。面临这诸多困境，迫切需要实行部门联动，为高校开展实践育人营造良好氛围，为大学生参加实践活动提供良好的政策保障和条件保障，切实推动大学生实践育人工作的开展。

（一）建立各层面的部门联动领导机制和体制

从国家层面，成立由教育部、中宣部、财政部、文化和旅游部和共青团中央等中央和国家部委组织的实践育人联席工作机构，统筹国家层面实践育人政策的制定，完善中央和国家层面有关部门联动实践育人的体制和机制，重点突出实践育人工作整体谋划；从地方政府层面，要建立政府主导、教育部门牵头、宣传部门、财政部门、文化部门、共青团组织、军事单位和企事业部门等组织的地方实践育人联动机构，着力研究和解决辖区内实践育人的问题，有效整合辖区的实践育人资源，推进实践育人工作的落实，为高校开展实践育人提供条件保障和资金支撑；从高校层面建立学校党委统一领导、党政工团齐抓共管、部门协作联动和各单位具体落实管理的体制。

（二）明确部门联动中的责任分工

明确部门联动工作中的部门职责十分重要，因为部门联动的核心是工作协同和配合，工作协同是基于在一个系统内分工负责、权责分明为前提，部门责任明确的分工负责制是部门联动的前提和基础。实践育人这个大系统牵涉到中央、地方和高校三个层面，涉及众多的部门，只有明确各部门联动中的分工，才能使各部门的权责更加清晰，才能保证实践育人持续整体推进，才能提升实践育人工作的张力。从高校层面而言，在制度层面对部门的工作任务和工作内容进行明确和细化。教务部门负责实践育人中的实践性教学安排、实践教学学分系统性安排和实践性课程学分评价、校内外实践基地的管理、科技创新创业等工作。校团委负责大学生社会实践和青年志愿者服务等实践活动的组织。研究生教学管理单位具体负责研究生的实践育人工作。学工部门具体负责勤工助学类实践活动的开展，完善大学生综合素质评价标准，将大学生参加实践育人活动的表现情况纳入综合素质评价体系。宣传部门负责实践育人的氛围营造和典型宣传。财务部门负责实践育人经费的核算划拨。后勤单位负责教学实践环节和社会实践活动的接纳和条件保障。通过分工负责制，使各部门能对实践育人的工作职责更加明确，工作的积极性和主动性进一步增强。

（三）完善部门联动的协同工作机制

机制的建设是高校实践育人整体性建设的重要保障，健全机制是构建整体性实践育人新格局的基本要求。部门联动既要涉及中央和国家层面、地方政府层面、高校层面等三个不同的层面，又要牵涉到政府、高校和企事业等不同类别组织。完善各部门联动的协同工作机制，首先要建立信息交流机制，实现信息共享，以政府和高校为主体建立区域性的信息交流平台。建立基于制度政策、工作落实和工作成效为主要内容的实践育人一体化信息平台。各联动部门对实践育人工作落实情况进行及时沟通和反馈，确保工作信息的实效性和准确性，为下一步工作的开展提供依据和参考。信息交流还需要建立信息反馈机制，各联动单位要通过信息化平台定期对实践育人具体某一项工作的推进和落实进行反馈，确保工作步调一致。其次要建立定期交流机制，加强沟通。建立部门联动联席会议制度，每年要召开专题会议，对年度实践育人工作目标和工作内容进行部署安排，细化各部门、各单位的任务和分工，强化实践育人的顶层设计。注重工作的协同和配合；每年要召开工作推进会，系统总结实践育人开展的情况和工作存在的问题，研究解决工作中的困难和难题；每年要召开会议对年度工作进行总结，共同研究和制定下一年度工作计划和目标。再次要建立部门联动的考评奖励机制，激发活力。实践育人的实效如何，部门联动的工作落实情况非常关键。要建立部门联动工作考评制度和工作考评奖励机制，对各部门的工作配合、工作落实和工作保障等情况进行全方位系统化的考核，在考核的基础上对表现优秀的部门进行奖励，激发部门参与实践育人的自觉性、责任感和使命感。最后还要建立部门联动的风险分担机制，确保育人效果。任何一项政策的出台都存在效果失真、执行不力、背景转换、突发事件等干扰与风险。在面对某项实践育人政策可能发生的风险时，各参与部门要保持统一口径，尽自己最大努力积极应对、主动承担，第一时间察觉、第一时间通报、第一时间会商、第一时间决策、第一时间行动，重新评估风险点，并对育人效果不佳的原因进行系统分析，能调整的及时调整、该放弃的果断放弃。

三、积极构建实践育人全员参与机制

高校实践人工作要充分发挥好育人功能，不仅要从资源共享和部门联动等机制方面着手，还要从树立大育人观的理念着手。要树立全员参与的意识，构建全方位、全过程的实践育人合力机制，使加强实践育人成为全校师生员工自觉的共同追求。全员参与就是要实践育人工作的参与者，包括教师、辅导员和班主任、学生家长、学校校友等，相互配合、相互支持、相互协调、共同努力，从而使各个要素的努力朝着既定的工作目标前进，形成教师、学校、家庭与社会生动互动、全员参与的局面，从而达到教育人、培养人、发展人的目的。

（一）发挥高校教师的主导作用

教师是一所学校能否培养德智体全面发展、有觉悟、有文化、高素质创新人才的关键。2013年教师节，习近平总书记指出："百年大计，教育为本。教师是立教之本、兴教之源，承担着让每个孩子健康成长、办好人民满意教育的重任。希望全国广大教师牢固树立中国特色社会主义理想信念，带头践行社会主义核心价值观，自觉增强立德树人、教书育人的荣誉感和责任感.学为人师，行为世范，做学生健康成长的指导者和引路人。"[1]教师

---

[1] 习近平. 习近平致全国广大教师的慰问信[N]. 人民日报，2013-9-10.

是学校办学的主体力量，是教育的第一资源，教师实践育人是全面提高人才培养质量的重要保证。因此要发挥高校教师在实践育人工作中的主导作用。实践教学是学校教学工作的重要组成部分，是深化课堂教学的重要环节，也是教师实践育人工作的着力点和有效载体。教师实践育人首先要保证教师在实践教学课程方面的投入，通过制度化的管理方式，确保教师都有实践教学任务和实践教学课堂，鼓励实践教学效果好的教师长期从事实践育人工作，保证实践教学师资队伍的稳定性和高质量。

教师实践育人能力的提升是保证教师开展实践育人的重要保证。《中华人民共和国国民经济和社会发展第十四个五年规划和 2035 年远景目标纲要》指出："建立高水平现代教师教育体系，加强师德师风建设，完善教师管理和发展政策体系，提升教师教书育人能力素质。重点建设一批师范教育基地，支持高水平综合大学开展教师教育，健全师范生公费教育制度，推进教育类研究生和公费师范生免试认定教师资格改革。"高校实践是与现代社会生产紧密联系的一种社会化过程。高校要为教师提升实践育人能力创造条件和出台政策，通过教师与企业科研合作、企业挂职和技术攻关等形式加强教师实践能力的培养。教师要进行教育教学改革，构建以学生为主体、学生主动参与、自主协作探索创新的新型教学模式。大力倡导基于问题、基于项目、基于案例的教学方法和学习方法，广泛开展合作学习、研究性学习、体验式学习、自主学习等学习形式。

（二）发挥辅导员和班主任的组织引导作用

教育部等十部门关于印发的《全面推进"大思政课"建设的工作方案》指出："构建实践教学工作体系。高校要普遍建立党委统一领导，马克思主义学院积极协调，教务处、宣传部、学工部、团委等职能部门密切配合的思政课实践教学工作体系，在马克思主义学院指定专人负责，建立健全安全保障机制，积极整合思政课教师和辅导员队伍，共同参与组织指导思政课实践教学。将思政课教师、辅导员和班主任指导学生开展实践活动、指导学生理论社团等纳入教学工作量。"辅导员和班主任是大学生全面成长和健康成才的指导者和引路人，也是实践育人工作的组织者、实施者。辅导员和班主任可以在实践育人工作中发挥组织和引导作用。一方面，认识是行动的先导，只有正确认识才会有积极的行动。辅导员和班主任工作在学生日常教育管理工作第一线，与学生接触多，他们的言行对学生的影响最大。他们通过个别思想工作和班会等形式，采取线上和线下相结合、"键对键"与"面对面"相结合的形式，宣传实践育人对学生自身成长发展的重要意义，宣传学校开展实践育人工作的政策和保障，讲解学生参与实践育人活动的内容、途径和方式等。他们通过系统深入的思想政治教育工作，改变学生的认识，使学生积极主动、自发自主参与实践活动；另一方面，辅导员要做好实践育人活动的组织设计工作，军事训练、主题教育活动和社会实践活动都是实践育人活动的形式。实践育人活动的对象差异性强、活动的开放性和差异性强，辅导员要精心设计活动方案，细化活动内容，强化活动过程，突出活动效果考核，构建以项目化为主要内容、社团组织为主要骨干的实践活动组织形式，提升活动的针对性和时效性。同时辅导员和班主任也要与学生共同参加军事训练、主题教育活动和社会实践活动，与学生共同开展活动准备和活动实施、活动总结等工作，增进与学生的感情，提升实践育人活动的效果。

（三）发挥家长和校友群体的支撑作用

《中共中央国务院关于进一步加强和改进大学生思想政治教育的意见》指出："学校要探索建立与大学生家庭联系沟通的机制，相互配合对学生进行思想政治教育。"学校教育与家庭教育相结合是开展育人工作的有效方式。实践活动大多数都是非第一课堂的教学形式，具有开放性、分散性和自主性等特点。家庭的理解和支持十分重要。学校通过家长会、家长信箱等形式完善与家长的沟通机制，介绍实践育人工作的政策，明确实践育人在学生成长发展中的重要作用，同时也从心理上、物质上和经费保障等方面给予支持和帮助，发挥家长在实践育人工作中的合力，形成实践育人的合力。校友作为信息丰富、知识密集，与母校有着特殊感情的群体，成员分布广泛，拥有一定的社会资源。校友资源是高校教育资源的延伸和补充，在实践育人中要争取校友的支持，通过校企合作、产学研联盟等形式发挥校友资源在实践育人中的资源保障和条支撑作用。

第二节　构建高校实践育人的保障机制

"兵马未动，粮草先行"，任何工作的成功开展都离不开坚实有力的保障机制。高校实践育人是一项系统工程，需要政府、高校、企事业单位各尽其责、共同参与只有各组织、各部门通力协作、有效联动，才能形成全员参与实践育人的大好局面，为实践育人工作的顺利推进保驾护航。本节将从思想共识、活动建设、基地拓展、经费投入等四个方面对高校实践育人的保障机制进行论述。

一、实践育人的思想保障机制

舆论宣传是一种复杂的信息存在形式和传播方式，具有教育人、引导人、鼓舞人、鞭策人以及提升人的素质和指导社会实践的功能，能达到统一人们思想共识的目的。舆论宣传体现了宣传工作引导人们、引导社会走向的倾向性和影响力。实践育人涉及政府、高校和企事业等多个社会组织，牵涉到高校师生员工、企事业单位职工等多个层面的人员，必须要形成统一的思想认识，凝聚更多的智慧和力量才能推动实践育人工作深入系统开展。对于高校实践育人工作，舆论宣传起着统一思想、引导发动、激励先进和形成合力的作用。教育部等部门《关于进一步加强高校实践育人工作的若干意见》指出要"强化舆论引导，充分发挥报刊、广播、电视、互联网等新闻媒体的作用，广泛开展宣传活动，大力报道加强实践育人工作的重要性、必要性，广泛宣传实践育人工作取得的成效，积极推广加强实践育人工作的新思路、新做法、新经验，在全社会进一步形成支持鼓励大学生深入社会，在实践中成长成才的良好氛围"。舆论宣传既是高校宣传思想工作的要求，也是做好高校思想政治教育工作、形成实践育人工作合力的有力保障。舆论宣传工作可以提高全社会对实践育人的思想认识，推动实践育人工作的有效落实，使实践育人成为社会、学校、教师、家庭和学生的共识并转化为自觉的行动，形成社会、高校和家庭合力重视、参与和支持实践育人工作的良好氛围。

（一）把握正确的舆论方向

随着全面推进改革开放步伐的加快，大量西方价值观念和文化思潮涌入中国，拜金主义、享乐主义、奢靡之风正在侵蚀着当代大学生，国际敌对势力从来就没有放弃过对青年一代的争夺。虽然开放包容的心态有利于民众形成自由平等的公民意识，但由于大学生处在人格尚未定型的青年期，容易受到外来思潮的影响，往往对新鲜事物不加分辨地予以接受，不利于正确世界观、人生观、价值观的形成。近年来，一些大学生身上存在着不同程度的理想信念缺失、诚信意识淡薄、价值观念扭曲、人际关系冷淡、个人主义泛滥、心理素质脆弱等问题。高校作为面向青年大学生开展舆论宣传的主阵地，担负着贯彻落实党和国家的教育方针，为社会主义事业培养德智体美全面发展的接班人和建设者的历史重任，必须把正确的舆论导向作为舆论宣传工作的根本方向，在坚定立场不动摇的前提下凝聚更多共识，形成更大合力，主动适应新形势、分析新情况、用好新媒体，牢牢把握舆论宣传的主导权和主动权。在加强实践育人过程中，坚持把马克思主义实践观作为理论指引，宣传党和国家的教育方针，深刻分析各种思想对于大学生成长和发展带来的巨大冲击。引导广大青年学生树立教育与社会实践相结合是成长成才的必由之路的正确观念，让广大师生深刻认识实践育人工作的重要意义。要把握正确的舆论导向，也要畅通信息反馈渠道，积极关注和回复广大师生和各级工作人员关心关切的问题，第一时间回应师生的关切。通过舆论宣传工作，唱响实践育人的主旋律，让政府部门认识到实践育人是保障和改善民生的重要内容，让高校师生认识到实践育人是教师的神圣职责，引导大学生树立正确的实践观，抵制不良观念的影响，积极向群众学习、向实践学习，促进自身的全面发展，提升创新精神和实践能力，从而产生让全社会都能关注和支持实践育人工作的强大正能量，推动高校实践育人工作的开展。

（二）充分运用大众化媒体舆论

媒体工具是舆论宣传重要的媒介与载体。大众化媒体包括平面媒体和网络媒体，具有覆盖面广、实效性强和信息量大等优势，是舆论宣传的重要载体，是营造浓厚实践育人氛围的重要途径。

充分运用大众传媒对实践育人活动和效果进行宣传报道，在全社会营造浓厚的实践育人氛围，具体来说可以从以下两个方面开展。

一是注重利用报刊、广播、电视等传统媒体，对实践育人工作的意义、基本政策、活动内容和工作要求等进行广泛宣传，确保实践育人政策宣传入脑入心，推广实践育人的新经验、新做法和新思路，促进经验交流和成果共享，多角度宣传营造实践育人的良好氛围。

二是积极发挥互联网尤其是微信、微博、QQ 群等新媒体技术的作用。以互联网为代表的新兴媒体成为群众表达观点、建言献策和沟通交流的重要工具。新兴媒体信息量大、传播快、共享性强。大学生是使用新媒体较多的群体，搜索引擎、咨询网络已越来越多地成为他们信息获取、传递和交流的主要途径，同时大学生也更愿意接受新兴媒体。利用新媒体超文本、超时空、交互性等特点，宣传实践育人政策、工作开展情况和先进典型事迹，能有效增进高校教师与学生的有效互动，增进舆论宣传的实效性，推动实践育人工作的开展。

（三）选树和宣传实践育人的先进典型

实践育人先进典型是能对人们的实践思想观念、实践行为等产生积极的、正面的示范和导向作用的特定个人或集体。实践育人先进典型是全社会特别是高校师生学习和效仿的榜样，能对实践育人工作发展起到推动、促进作用。选树和宣传实践育人的先进典型，把握贴近实践育人工作、贴近师生实际的原则，要从大学生的日常生活中培育和树立实践育人的先进典型，从选、培、树、导、护五个环节做好相关工作，早发现、早培育，充分挖掘和宣传先进典型的优秀事迹，激励广大教师参与实践育人工作的主动性和创造性，激发青年大学生积极参与实践活动的主体性和积极性。大学生的身心特点决定了先进典型的亲和力、感染力和带动力能引领和带动广大学生积极参与实践育人活动、促进大学生健康成长成才。因此，先进典型培育、选树、宣传是做好宣传舆论工作的重要发力点，也是实践育人工作的闪光点。

大力培育、选树、宣传先进典型的同时，也要注意两个方面的问题。

一是选择时机的问题。在学生中发现好苗子后应该大力培育、悉心指导，帮助其健康成长为参天大树，但培育和指导过程一定要遵循人才成长规律，在适当时间给予亟须养分，而不是虚张声势、拔苗助长，误使好苗子旁逸斜出。在典型培育过程中既不能过分溺爱，也不能置之不理，而是要在适当的距离外保持适当关注和适量关心，掌握好选树、推出时机，慎重宣传。

二是典型保护的问题。就是要旗帜鲜明地保护先进典型，帮助其克服缺点和不足，并在此基础上为其持续发展整合资源、提供支持。具体而言，典型保护包括四个方面内容：首先在政治上关心，帮助其完善职业生涯规划，整合资源，助推典型持续发展，早日成长为栋梁之材；其次在学业上帮扶，整合专业教师的力量，在专业学习上给予大力指导和项目支持，帮助学生典型在大学期间夯实专业基础，脱颖而出；再次在心理上疏导，做好学生典型的心理健康工作，既充分肯定成绩，又适时给予提醒，引导他们正确看待得失、珍惜荣誉、再接再厉；最后在生活上帮助，为学生典型学习、生活、实习等提供必要的经济资助，为其顺利完成学业、实现人生理想解决后顾之忧。

二、实践育人的活动保障机制

实践活动是将大学生在课堂中掌握的理论知识与生产实践相结合的有效途径。系统开展实践活动，是充分发挥实践活动的重要作用，夯实实践育人基础，进一步提高高等学校人才培养质量的重要保证。系统开展实践育人活动，要强化整体设计，构建实践育人活动体系，搭建实践育人平台，创新活动形式，提高活动质量，引导大学生树立正确的世界观、人生观和价值观，培养大学生的责任意识和创新精神，提高大学生的实践能力和综合素质。

（一）构建实践育人活动体系

教育部等部门在《关于进一步加强高校实践育人工作的若干意见》中指出含调查、生产劳动、志愿服务、公益活动、科技发明和勤工助学等社会实践活动是实践育人的有效载体。各高校要把组织开展社会实践活动与组织课堂教学摆在同等重要的位置，与专业学习、就业创业等结合起来，制订学生参加社会实践活动的年度计划。"活动是实践育人工作的载体，构建以满足学生的个性和多样需求为基础、多层次分类别的实践活动体系是开展高校实践育人的前提和基础。大学生实践类型包括教学实践、社会调查、生产劳动、勤工助学、主题教育、创新创业、爱心公益和志愿服务等活动。要结合实践类型构建活动体系，形成以主题教育、专业实践、社会实践、志愿服务、创新创业和勤工助学为主要内容的活动。主题教育活动包括思想引领类和道德类实践活动。思想引领是大学生社会实践活动的核心，包括"三观""三热爱"主题教育活动，举办主题讲座、组织学生到博物馆、纪念馆等爱国主义教育基地开展"红色之旅"活动；以重大节日和重大事件为契机，开展主题团日活动、"喜迎二十大、励志报祖国"演讲比赛、理论知识竞赛、理论沙龙、时事直通车、时政案例分析大赛等教育活动。道德实践类活动包括开展诚信教育活动，如专家教授学术诚信讲座、无人监考诚信考场试点、诚信超市和诚信征文等活动。专业实践类是以专业知识为主要内容的实践活动。

志愿服务类实践活动能增强学生的公德素质和社会责任感，组织开展义务支教、关爱弱势群体、社区服务和爱老助残等活动，鼓励学生走出校园、走向社会，发挥大学生服务社会、贡献社会的作用。创新创业类实践活动包括教育部和共青团中央组织开展"挑战杯"课外学术科技作品竞赛和"挑战杯"创业计划竞赛等科技创新竞赛，各专业教学指导委员会和专业协会举办的专业性竞赛活动，如数学建模竞赛、机械创新设计大赛等赛事，举办创业培训课程及讲座、创业政策宣讲、承办创业大赛、举办创业峰会和创业沙龙等活动，积极推动大学生自主创业。

（二）创新实践育人活动组织形式

实践育人活动能否取得实效，关键在实践活动的内涵和质量，以及学生参与活动的积极性和主动性。当前实践活动中普遍存在活动模式单一，内容缺乏新意和学生参与度不高等问题。项目管理作为一种以项目为对象的管理方式，是被广泛应用并经实践证明了的有效管理模式。高校将项目化管理引导到实践育人活动的组织工作中，采取招投标的形式推动实践活动的实施，能强化大学生的自我管理、自我参与和自主创造，最大限度调动学生的积极性和主动性，使社会实践由"要我做"变成"我要做"，充分发挥大学生在实践活动中的主体作用。项目化管理方式组织实践活动，涵盖了活动开展的前期、中期和后期等全过程，包括了活动规划、活动启动、活动实施、活动监督和活动考核评价等环节。

充分发挥大学生社团在实践活动中的组织和策划作用。作为高校学生依据兴趣爱好自愿组成、按照章程自主开展活动的学生组织，大学生社团具有团结凝聚青年大学生和组织开展活动的优势。而且，随着社会发展、国际合作加强、学生兴趣导向和自主意识日益凸显，高校学生社团与兄弟院校、社会组织、企事业单位的横向联系日益增多，并在发展过程中出现了网络建团、网络组织、网络动员等新情况和新趋势。各地各高校应从加强和改进大学生思想政治教育，全面推进素质教育，实施科教兴国、人才强国战略，培育中国特色社会主义事业建设者和接班人的高度进一步加强和改进大学生社团工作，积极支持学生社团活动，大力促进学生社团发展，切实加强对学生社团管理，引导学生社团健康发展。因此，大学生社团应当在实践活动中更好地发挥组织者、策划者和参与者的作用，要逐步建立以大学生社团活动为主体、大学生社团为组织者的活动组织机制，鼓励大学生社团以项目化运作的方式负责活动的组织工作。在实践育人中，高校党团组织要在活动设计、活动组织开展上加强指导，在经费和指导教师上给予保障，确保实践活动有计划地开展，以高质量的活动确保实践育人工作的效果。

三、实践育人基地拓展机制

实践基地是高校组织、引导大学生进行有目的、有计划、有组织地参与一系列教育活动的稳定载体，是大学生实践活动的基本载体和保障，是高校开展实践育人活动的基础和保障以及大学生社会实践能力的基本培育点。教师与学生普遍认为实践单位应该提供更多的实践机会与安全保障，加强指导队伍建设，优化实践内容设计，加强校、企、生三方合作平台建设，其中实践机会、合力育人以及加强指导被师生认为是最重要的三个建议。

由于实践基地能固定和长期地为大学生开展实践活动提供场所，因此，在实践育人的背景下社会各方应该为大学生深入开展社会实践活动提供保障。为确保大学生实践育人活动的长期稳定发展，从学生发展出发，结合地方实际情况，加强校地合作，建立和完善共同受益的实践育人基地，推进高校实践育人活动常态化发展。

（一）建立功能多样和类别细分的实践育人基地

从地理位置上划分，实践基地可以分为校内实践基地和校外实践基地；从功能定位上划分，可以分为思想政治教育基地、教学实习基基地、就业实习基地、创新创业基地、社会实践基地、军训基地、志愿服务基地和勤工助学基地。《关于进一步加强高校实践育人工作的若干意见》中要求高校要加强实验室、实习实训基地、实践教学共享平台建设，依托现有资源，重点建设一批国家级实验教学示范中心、国家大学生校外实践教育基地和高职实训基地。为满足学生实践活动的需要，高校应坚持校企合作、校所联合、学校主导的原则，建立一批教学与科研、生产紧密结合，学校与社会密切合作的实践教学基地，依托国有大中型企业、外资企业等建立毕业生教学实习基地、毕业实习基地，依托高新技术产业开发区、工业园区、大学科技园，建立大学生就业创业基地和勤工助学基地，联系革命历史纪念馆、博物馆和爱国主义基地建立思想政治教育基地，依托城市社区、农村乡镇、工矿企业、部队、社会服务机构等建立社会实践和志愿服务基地。

坚持实践基地共建共享的模式，坚持合作共建、双向受益的原则，结合实际可从教学科研—生产实践协作、合作互利和行政协调三种模式构建。教学科研—生产实践协作模式注重人才培养和科研成果合作，高校具有雄厚的科研实力和一大批科研成果，这种模式的建立为高校转化科研成果提供途径，为学生提供了实习的场地，企业单位通过利用高校转化的科研成果为本单位带来经济利益。合作互利模式强化经济上的利益共享，企业鉴于经济利益或者社会影响力与高校签订就业基地协议，为大学生提供实践条件，这种模式建立的就业实习基地，高校向单位和企业派出学生去实习，对企业来说可以扩大自身的影响，同时可以招募实习生，为吸引毕业生到实习基地工作创造优势。行政协调模式强调硬任务和硬指标，指国家为了提高高校学生的实践能力，通过行政命令的形式让某些机关和企事业单位必须提供给大学生实践机会的模式。

（二）注重实践育人基地的稳定性

长期稳定的实践基地是大学生开展社会实践活动的重要依托，对于实践理论成果的应用和推广有着重要意义。因此，以拓展实践基地的功能促进实践育人基地的长期性。一要拓展基地自身的功能，从对象上一个基地可以为不同的高校提供实践条件，从内容上教学实践基地也同时可以成为创新创业基地和就业实习基地，这样既可以吸引更多的大学生参与实践，又可以促进基地的长远发展形成长效机制；二要加强不同基地之间的整合。在功能发挥中，不同的实践基地发挥的作用是不一样的，要善于发掘不同基地的相同功能，基地之间要资源共享，相互辐射。高校之间要加强基地的交流共享，提高实践基地的使用效率。还要以制度建设促进基地建设的稳定性，加强基地的制度建设和日常管理，在实践基地的选择上，要与学科建设、科研发展和人才培养目标联系起来，综合考虑基地的重视程度、物质基础、环境条件和交通便利性等方面，把好基地建设的关口。建立健全基地管理的各项规章制度，强化监督，加强考核。同时，要丰富基地建设的形式和内容，加强基地自身的文化建设，精心组织各种实践活动的计划，调动大学生的参与热情，增强基地对大学生的吸引力，推进基地实践活动常态化和项目化。学校要建立科学的激励和管理制度，充分发挥教师的参与热情。鼓励教师推荐基地的建立，教师推荐的基地很多都与教师的科研、教学等密切相关，可以加强与就业基地的长期联系，引导教师积极参与实践活动，确保基地的实践育人活动持续、稳定、健康发展。要深化实践基地与当地政府部门之间的联系，依托实践基地服务地方经济社会发展，深度参与服务地方科技进步推广、经济持续发展、社会治理创新，探索校地合作、校企合作、校所合作的新模式、新方法、新途径。

四、实践育人的经费投入机制

资金的投入是实践育人活动顺利开展的物质基础。经费不足的问题已经成为制约当前高校实践育人深入开展的瓶颈。完善实践育人的物质保障，增加实践育人活动的覆盖面，提升实践育人的活动质量，关键的条件就是经费保障要到位。因此，要保障实践育人工作的效果就必须加强经费投入，针对不同实践教育形式，建立由国家主导投入、学校专项经费、地方政府支持、公益机构和企业赞助、大学生自愿缴费等多渠道的经费投入保障机制。有条件的学校可以探索建立大学生实践教育专项基金。

（一）政府要加大对实践育人的投入

《中华人民共和国高等教育法》第60条规定："高等教育实行以举办者投入为主、受教育者合理分担培养成本、高等学校多种渠道筹措经费的机制。国务院和省、自治区、直辖市人民政府依照教育法第五十六条的规定，保证国家举办的高等教育的经费逐步增长。国家鼓励企业事业组织、社会团体及其他社会组织和个人向高等教育投入。"实践育人经费是教育投入的重要组成部分。政府拨款是高校实践育人活动开展的根本保障和主要来源，中央政府要将大学生实践育人经费纳入公共财政支出预算，并把此项经费支出作为支出的一个重要组成部分，各级政府要把高校实践育人列入政府公共财政专项，教育行政部门要根据不同类型学校、不同类别专业分别制定实践育人经费投入标准。在教育投入中明确列支目录和支持额度，为高校推进实践育人提供经费保障。政府财政支出可针对企业实践基地建设情况和企业支持实践工作的情况，从税收方面实施税收减免政策，对于企事业单位、社区和农村等长期实践基地，并给予经费补助或结合考核情况给予经费奖励。

（二）学校要有专项经费保障实践育人

《关于加强高校实践育人工作的若干意见》中指出："高校作为实践育人经费投入主体，要统筹安排好教学、科研等方面的经费，新增生均拨款和教学经费要加大对实践教学、军事训练、社会实践活动等实践育人工作的投入。"

学校要设立实践育人专项经费，并形成实践育人经费正常增长机制，大幅度增加实践教学专项经费，列入预算、专款专用，主要用途有如下三个方面。

一是条件建设经费，把改善实验、实训、实习条件建设作为经费保障的重点，重点建设省级重点学科、重点实验室、重点研究基地，教学实验平台，科研平台和专业能力实践基地，工程训练中心，创新基地和实训实践基地。

二是活动开展经费，主要用于实践育人活动开展，包括活动开展的材料费用、教师学生差旅费和日常开支费用等。

三是实践活动的奖励费用，高校要科学建立对实践育人活动的激励制度，对于实践育人活动开展项目化评估，对于学生参与度高、效果好的项目要给予奖励和支持，对于实践活动优秀教师要给予奖励。

（三）要建立大学生实践育人专项基金

公益机构和企业资助资金是实践育人经费保障机制，高校要设立大学生实践育人专项基金，争取公益机构和社会企业对他们的资助，高校要不断努力扩大社会影响力，建立机制，通过发动校友捐资、企业合作投资等方式，吸引社会资金的投入，探索高校与企事业单位的双赢模式，从而多渠道地吸引实践育人的资金投入。具体来说可以从以下两个方面来认识。

第一，高校要建立良好的实践育人体系，增强企业投入的吸引力。高校在科学研究、理论制度研究等方面处于领先地位，可以通过与企业的合作为企业提供智力和技术支持，为企事业的发展出谋划策。

第二，要精心组织好实践活动，扩大企业的社会影响力。如企业提供资金，高校组织学生组成暑期社会实践团队帮助企业进行新产品的宣传，企业在活动中收获了经济效益和社会效益，学生在实践中也提升了能力和素质。

（四）积极探索大学生自愿缴费、互助参与新模式

设立"高等学校实践育人学生互助基金"，由学校发起成立，并组织"基金管理委员会"，学生自愿参加，参与者可以根据个人情况向互助基金捐款注资，募集资金由"基金管理委员会"统一管理，任一成员有参与实习实践需求时都可以向"基金管理委员会"提交申请，"基金管理委员会"审核、讨论后决定资助金发放金额。"基金管理委员会"由学生自发组织、自主成立，学校有关部门对其进行指导监督并全程参与委员会日常管理。

设立"高等学校志愿服务基金"，所有在校大学生均可向"基金"捐款，"基金"所募款项用于慈善事业和志愿活动专项经费，"志愿服务基金"由学校青年志愿者协会统一管理，学校团委指派专人对"基金"的募集、管理、使用程序进行监督，切实保证"基金"的顺畅运行。

第三节　构建高校实践育人的评价机制

合理的考核与评价机制，是一种促进手段，其目的是通过评价推动工作前进，提升参与者的积极性与责任感，最终促进工作质量的提升。就高校实践育人而言，由于其关乎学生的发展与成长，且涉及众多部门与组织，需要构建科学合理的评价机制，来指引实践育人工作的发展方向，为高校实践育人的主客体提供路径参考与前进动力，否则高校实践育人工作的水平难以提升。具体而言，高校实践育人评价机制具有导向功能、选拔功能、激励功能以及预测功能，即高校实践育人评价机制能为学生、教师以及相关的工作者提供一种价值与方向参考，指引个体的行为选择；能通过一定的标准筛选出实践育人工作中的典型与榜样，从而对全体成员产生激励功能；通过评价标准，教师可以预测出未来的改革目标、方案以及改进措施等。本节将构建学生体验性评价、教师指导性评价和学校综合性评价等机制，从而促进高校实践育人水平的提升。

一、构建现代学生体验性评价机制

大学生是实践育人的主体，是实践育人活动的参与者和体验者。对实践育人评价要体现对学生体验过程和体验结果的评价，落脚点在构建科学性、可操作性的大学生综合素质评价体系。综合素质是指人具有的学识、才气、能力以及专业技术特长等综合条件，也称综合表现力。大学生综合素质是大学生在大学期间的思想政治、道德举止、专业成绩、创新素质、实践能力、课外活动、身心健康等方面的全面发展或综合发展程度的表现，是高校办学质量和办学水平的集中体现，同时也是大学生所获知识和能力的内核，是大学生认识和改造主客观世界的力量源泉，直接体现为大学生可持续发展能力和就业竞争力的高低。因此，必须把大学生体验实践活动的过程和效果作为大学生综合素质评价的重要内容。

大学生综合素质评价对于大学生成长具有十分重要的作用。一方面，大学生综合素质测评体系对青年学生树立崇高的理想信念、塑造自律的道德素养、养成奋发的进取精神具有较强的引导和激励作用。另一方面，大学生综合素质测评指标体系中对于学生创新实践能力的考察有利于学生增强创新素质和提升实践技能。因此，就一定程度而言，综合素质测评的实施能实现对大学生综合素质发展的开发与拓展。本科生综合素质评价对于实现高等教育的教学目标、提高高等教育教学质量、保障高等学校的办学水平有着重要作用。1999 年 6 月 13 日发布的《中共中央、国务院关于深化教育改革全面推进素质教育的决定》指出："实施素质教育必须把德育、智育、体育、美育等有机地统一在教育活动的各个环节中。"实现素质教育、提升实践育人，培养高素质人才，必须完善大学生综合素质评价体系，健全大学生综合素质发展的目标导向，其中把握大学生综合素质的科学内涵和实证是基础和根本。

（一）把握大学生综合素质的科学内涵

在构建综合素质评价体系之前，必须弄清楚大学生综合素质包含哪些内容。对于当代大学生而言，综合素质至少包括思想政治素质、科学文化素质、创新精神和实践能力、身心素质四方面内容。

1. 思想政治素质

大学生思想政治素质是大学生综合素质的重要组成部分，是指大学生思想意识、道德行为、政治态度、法纪素养等符合时代特征的基本品质，是大学生政治观、世界观、人生观、价值观和道德观的综合体现。思想政治素质是思想素质和政治素质的统称，思想素质侧重于理论观点、思想认识，思想素质教育体现为追求真善美的价值导向，过硬的思想素质主要表现为有远大的志向和人生目标、强烈的集体观念、遵纪守法的自律要求、良好的道德修养和勇于担当的社会责任感等；政治素质侧重于政治立场、政治方向和政治观念，政治素质过硬主要表现为政治立场坚定、政治态度明确，赞成社会主义制度，拥护中国共产党和热爱社会主义祖国等方面。在人的综合素质中，思想政治素质是最重要的素质。全社会要大力培育和弘扬社会主义核心价值体系和核心价值观，其中"爱国、敬业、诚信、友善"则是每一个当代大学生所必须具备的素质。思想政治素质是最重要的素质。不断增强学生和群众的爱国主义、集体主义、社会主义思想，是素质教育的灵魂。思想政治教育，在各级各类学校都要摆在重要地位，任何时候都不要放松和削弱。思想政治素质教育是大学的重要任务，是解决"培养什么人、如何培养人"这一问题的关键环节。加强和改进大学生思想政治教育，提高学生的思想政治素质，把大学生培养成中国特色社会主义事业的建设者和接班人，大学生思想政治素质如何关系到中华民族的伟大复兴和中国特色社会主义事业的成败。

2. 科学文化素质

大学生科学文化素质具体包括良好的学习能力、专业基础知识和人文素质修养等诸多方面，是公民素质的重要基础，也是决定一个国家整体国民素质和影响国家国际竞争力水平的重要因素。科学文化素质是大学生综合素质体系的重要组成部分，促进大学生思想道德素质、科学文化素质和健康素质协调发展，引导大学生勤于学习、善于创造、甘于奉献，成为有理想、有道德、有文化、有纪律的社会主义新人，科学文化素质要求大学生具备扎实的基础理论知识，具有强烈的求知欲，并在已有的对人生的感受和受教育的基础上形成较完整的知识结构。科技的日新月异，学习型社会的新要求和信息化社会的新趋势，都对大学生科学文化素质提出了新的要求，科学文化素质成为衡量大学生综合素质的一项重要指标。而高校是培养有一定专业知识的高级专门人才的主阵地，大学生必须掌握这一专业和与专业相关的知识以及文化修养，既要具有基础知识、专业知识，还要具有良好的人文素养。因此，提高大学生的科学文化素质，是高等教育的重要方面。

创新精神和实践能力。创新精神和实践能力是指大学生在学习、工作中表现出的创新创造发明素养，完成实践环节、学习任务，参加社会实践和社会活动以及运用所学知识解决生活、生产、技术等方面实际问题的能力，这种能力在创造性或实践性活动中形成，并在创造性或实践性活动中展现，以提供创造性成果为证。创新精神和实践能力反映大学生创新精神、创新能力和水平以及大学生运用所学知识解决生产、生活、科学技术等方面问题的能力与水平。教育改革发展的重点是面向全体学生、促进学生全面发展，着力提高学生服务国家服务人民的社会责任感、勇于探索的创新精神和善于解决问题的实践能力。高校要以改革创新的精神状态、改革创新的思维方式、改革创新的思想作风、改革创新的工作方法，不断提高工作水平。《中华人民共和国高等教育法》第一章第五条规定："高等教育的任务是培养具有社会责任感、创新精神和实践能力的高级专门人才，发展科学技术文化，促进社会主义现代化建设。"不难看出，大学生的创新精神和实践能力将成为衡量高校学生综合素质的重要因素，是大学生综合素质中的核心素质。

3. 身心素质

世界卫生组织对身心健康的定义是：身体、心理及对社会适应的良好状态。身心健康具有两方面的含义：身体健康和心理健康。"身体是革命的本钱"，身体素质是其他一切素质的基础，有了好的身体素质才能胜任在校期间繁重的学习任务，才能胜任走入社会后繁重的工作任务。心理健康是指具有正常的智力、积极的情绪、适度的情感、和谐的人际关系、良好的人格品质、坚强的意志、成熟的心理行为、积极的人生观价值观和正确的思想信仰等。良好的身心素质是大学生努力学习、成长成才的前提条件和重要基础。2021年9月3日教育部发布第八次全国学生体质与健康调研结果，数据显示2019年全国6~22岁学生体质健康达标优良率为23.8%，以初中生上升最为明显，大学生则整体下滑。究其原因，我们不得不说，对电脑、手机、网络的过分依赖，健身意识淡薄，作息不规律构成了大学生身体素质持续下降的三大主因。在竞争日趋激烈的现代社会，大学生们面临着家庭、学业、就业、人际、情感等多方面压力，很多学生由于不能妥善处理好这些方面的压力而产生心理问题，如果心理问题长期得不到有效解决，就有可能引起恶性事件的发生。要结合大学生实际，广泛深入开展谈心活动，有针对性地帮助大学生处理好学习成才、择业交友、健康生活等方面的具体问题，根据大学生的身心发展特点和教育规律，注重培养大学生良好的心理品质和自尊、自爱、自律、自强的优良品格，增强大学生克服困难、经受考验、承受挫折的能力。由此可见，身心素质作为人实现全面发展的基石，必须纳入综合素质测评体系的考核范畴。

（二）构建以学生体验性评价为主要内容的综合素质测评体系

按照评价对象差异可以将指标划分为数量指标和质量指标，按指标数值形式又可将指标分为绝对指标、相对指标和平均指标。目前高校的大学生综合素质测评指标体系构建更多的是从德智体美等方面来具体考量和评价，更加注重定量考核，比如课程考试分数、考研率等作为唯一衡量学生综合素质的评价标准。而实践育人落脚点在于培养大学生服务国家服务人民的社会责任感、勇于探索的创新创业精神和善于解决问题的实践能力，因此，要树立以学生综合素质和实践创新能力全面提高、个性特长和创新潜能充分发挥为综合评价标准的学生综合素质评价观，在大学生综合测评体系和指标构建上要体现实践育人过程参与、效果体现和能力提升，更加注重社会责任感、创新精神和实践能力的培养，以是否能有效促进大学生的全面发展和健康成长成才为最终依归。要构建以思想政治素质为核心，以知识素质为基础、以能力素质为关键的评价导向，建立以思想政治素质、智育素质、身心素质、创新精神和实践能力为一级指标的综合素质测评体系，把创新精神和实践创新能力与德智体美等素质列为一级指标，并在分数权重上给予一定的比例保证，确保实践育人效果的考核更加目标一致。

（三）融入学生实践育人体验性评价的内容

操作化也称具体化、分解化，意指在社会调查研究中，将抽象的概念和命题逐步分解为可测量的指标与可被实际调查资料检验命题的过程。操作化是对复杂的社会现象进行定量研究的一种方法，此种方法在现代社会调查研究中被广泛地应用。大学生综合素质测评实施的关键点在于测评二级指标的细化，以确保考核的全面性和可操作性。在思想政治素质考核上体现大学生社会责任感的测评内容，大学生参与志愿服务活动、学雷锋活动等社会公益活动的参与情况作为思想政治素质考核的重要指标；在创新精神和实践能力方面的考核中，设计实践活动、学习论文、科技创新竞赛类、社会工作和学科竞赛专业特长等二级指标；实践活动测评的观测点包括参与暑期社会实践活动、专业类实践活动、毕业实践实习活动等情况以及在活动中取得的成绩和效果；科技创新创业测评点包括学生参与科技创新创业活动（如大学生课外学术作品竞赛、大学生创业计划竞赛、国家大学生创新性试验计划、数学建模竞赛和各学科门类专业竞赛等）；社会工作方面测评点为学生担任各级党团学组织、社团和班级学生干部的情况以及在担任学生干部期间取得的成绩。以上二级指标的细化和观测点的确定，有效地将实践育人各环节具体要求和育人工作成效纳入到学生综合素质测评中，为学生参加实践育人活动起到了指挥棒的作用。

二、构建现代教师指导性评价机制

教师是高校实践育人的主导者，在指导、引导和帮助大学生开展实践活动中起着十分重要的作用。实践育人的效果如何与教师的指导密不可分。因此，对实践育人进行评价必须强化对教师指导性作用评价，着力点是要把教师参与和指导实践育人工作的情况纳入教师业绩考核，形成实践育人的合力。

教师业绩考核是对教师德、勤、能、绩四个方面的综合评价，为教师职务晋升、聘任、奖励等提供可靠的依据，是高校评价教师工作、教师职称晋升等工作的重要依据，是高校教师管理工作的基础，也是加强高校教师队伍建设、提高教师整体素质的重要举措，能激发广大教师投身教学科研和社会服务等工作的内生动力。博弈论强调，在权衡各方利弊的情况下做出对自己最有利的选择。从博弈论的观点来看，教师的是否真心实践育人也是一种博弈，如果学校没有建立完善的实践育人评估体系和奖励，那么无论学校如何提倡教师实践育人，教师也不会积极采取实践育人的行动。因此，要把实践育人纳入教师工作业绩考核，开展对教师实践育人的指导性评价，形成教师积极参与和主动指导的政策导向和制度约束。

（一）把实践育人与教书育人同等考核

教书育人和实践育人都是育人的有效载体和根本途径，教书育人是教师的神圣职责和义务，也是教师的基本职业道德要求，是教师职业价值观的价值追求。党的教育方针、政策和各项制度把教师教书育人放在十分重要的位置，《中华人民共和国教师法》规定："教师是履行教育教学职责的专业人员，承担教书育人，培养社会主义事业建设者和接班人、提高民族素质的使命。教师应当忠诚于人民的教育事业。"党和人民对教师提出了教书育人这一共同的职业道德追求，增强了教师教书育人的责任感和使命感，提升了教师对教书育人重要性的认识，使教书育人成为教师的育人自觉和行动指南。实践育人是基于马克思主义实践观、教育规律和人才培养规律形成的科学教育理念，是与教书育人相提并论的育人方法。而且，广义上的教书育人也是包含实践育人环节的，因为教书一词本身既包括教授书本知识，又包括传授实践经验。教授书本知识固然可以传道授业，但"纸上得来终觉浅，绝知此事要躬行"，要想学会真功夫、习得真本领，光学习书本知识是远远不够的，除了吃透书本以外，还必须跟在老师身后按照老师的要求身体力行。说到"解惑"，就更是如此，孔老夫子毕生之忧心者唯"道之不修学之不讲"，解惑始于问道，而惑之求解的根本之道在于"修道"，也就是所说的实践。

中共中央办公厅、国务院办公厅引发的《关于深化新时代学校思想政治理论课改革创新的若干意见》指出："增强教师的职业认同感、荣誉感、责任感。"这是从国家政策高度明确实践育人是教师的根本任务和神圣职责的重要组成部分，充分说明了高校实践育人理念的科学性，明确实践育人在高校教育体系中的重要地位和对于提升人才培养质量的特殊意义，为教师开展实践育人指明了方向。要对教师参与实践育人的状况进行考核，增强高校教师实践育人的积极性和主动性，增强责任感和使命感，避免发生

"说起来重要，做起来次要，忙起来不要"的现象，发挥教师在指导、引导学生开展实践活动中的重要作用。

（二）完善教师实践育人的考核内容和考核方式

教师承担实践育人工作要计算工作量，并纳入年度考核内容。发展性评价理论认为，评价要根据发展的目的，对评价对象的发展进行价值判断，从而促使评价对象实现自我认知、自我发展以及自我实现等目标。因此，在教师实践育人的考核中要注重发展性的、人性化的考核方式。同时，高校教师承担着教学、科研和管理服务等工作，这决定了教师业绩考核包括教学业绩考核、科研业绩考核和社会公益服务考核业绩等。其中教学业绩考核主要是对教师的课堂教学、学生培养质量和教学成果进行考核。因此，我们可以认为考核教师实践育人的业绩主要是将实践育人纳入教师教学业绩考核。目前，高校对教师教学业绩考核的内容包括教学活动、教学建设与改革、教学效果和师德师风等四个方面，将实践育人考核纳入教师业绩考核，必须将考核指标体系分解和纳入到上述四个方面，教学活动考核中要纳入教师担任实践性教学、实验实习、毕业设计（论文）等授课教师情况，以及担任社会实践、创新创业、科技发明和学科竞赛等指导教师的情况；教学建设与改革考核中要纳入教师主持（或参与）实践教学改革的情况，教学效果考核中纳入指导学生参加科技创新或学科竞赛等创新实践类活动获奖情况以及毕业生就业质量和就业去向等；师德师风考核纳入教师对实践育人工作的态度。以上考核应采取建立多元化的考核方式，即定性考核与定量考核相结合的方式。

教师实践育人是一个双向互动的过程，教师是实践育人活动的组织者、实施者，学生是实践育人活动的主体，是实践育人的受益者，实践育人的效果如何关键在于是不是满足学生成长成才和求知的需求。因此在对教师的考核中，要建立完善教师自评与学生评价相结合的评价方式。对于定性考核的内容如教师实践教学效果、教师对实践育人工作重视程度、实践课堂效果等，由学生进行分块评价。在考核评价基础上，高校也要建立与评价配套的激励机制，把实践育人的考核结果应用到教师职称晋升、教师评优评先等方面，激发高校教师参与实践育人的内生动力。

三、构建学校综合性评价机制

高校是实践育人工作的领导者和组织者。高校对实践育人的重视程度、投入情况都决定着实践育人的效果和质量。增强实践育人的效果必须明确高校在实践育人中的责任主体，通过开展高校实践育人考核评价，增强高校开展实践育人的思想自觉和行动自觉。开展高校实践育人评价，必须坚持系统的思维，把高校实践育人工作纳入高校整体性、综合性和系统性评估，以高校办学水平评估为手段系统评价高校实践育人效果。

教育评估是采用一定的评价手段，对教育活动、教学过程和教育质量进行教育测量和检核，以确定学校办学的实际状况，是对高校进行综合评价的重要方式。高校办学评估政策是国家为确保高等教育质量而制订的行动准则，我国的高校教学评估工作源于 20 世纪 80 年代，当年出台的《中共中央关于教育体制改革的决定》指出："教育管理部门组织教育界、知识界和用人部门定期对高等学校的办学水平进行评估。"1999 年 1 月颁布实施《中华人民共和国高等教育法》规定："高等学校的办学水平、教育质量，接受教育行政部门的监督和由其组织的评估。"2002 年 6 月，教育部将合格评估、办学水平评估和选优评估三种评估整合而形成本科教学工作水平评估，并整合以前的各套方案形成了统一的《普通高等学校本科教学工作水平评估方案》。2020 年中共中央、国务院印发《深化新时代教育评价改革总体方案》，指出推进高校分类评价，引导不同类型高校科学定位，办出特色和水平。改进本科教育教学评估，突出思想政治教育、教授为本科生上课、生师比、生均课程门数、优势特色专业、学位论文（毕业设计）指导、学生管理与服务、学生参加社会实践、毕业生发展、用人单位满意度等。

本科教学评估包括对学校办学理念、办学思路、办学水平、学校定位、教学质量、社会评价和管理水平等各方面进行系统综合的评价，成为教育部对高校本科办学水平和教育质量高低进行评判的一种形式。通过办学水平评估，强化各级政府对高等教育的宏观指导和管理，推进高校依法办学机制的建立与健全，促进高校办学水平和教学质量的提高，对高校的内涵式发展具有十分重要的作用。办学水平评估工作作为教学改革促进和质量提高工程，有效地促进了高校人才培养工作，越来越受到高校领导和师生员工的高度重视。

将实践育人作为高校办学评估的重要指标，是增强实践育人效果、提升高校办学水平的必然选择。通过评估进一步健全和完善实践育人工作的体制和机制，构建教书育人、管理育人、服务育人和实践育人四位一体的育人合力，形成全员育人的生动局面。《关于进一步加强高校实践育人工作的若干意见》指出："教育部门要把实践育人工作作为对高校办学质量和水平评估考核的重要指标，纳入高校教育教学和党的建设及思想政治教育评估体系，及时表彰宣传实践育人先进集体和个人。各高校要制订实践育人成效考核评价办法，切实增强实践育人效果。"将实践育人纳入高校办学评估之中，要确保办学水平评估的目标导向体现实践育人目标，要确保将实践育人的各环节纳入高校水平评估之中。

（一）办学水平评估的目标导向要体现实践育人的目标。

人才培养质量是衡量一所大学办学水平的根本标准，实践育人目标必须在办学水平评估的目标中有所体现。目标既是一种对活动主体及过程的"任务规范"，同时又是对行动理想及方向的一种指引，并使行动主体最大限度地获得实现该理想的能力。教育评估具有导向的功能，评什么、什么是重点等因素会有力地引导被评高校在教育工作中做什么、朝什么方向发展。办学水平评估的目的是通过评估的实施，推动高校转变教育观念，明确办学思想，加大经费投入和教学建设，全面提高高等教育质量，促进高等教育内涵式发展。办学水平评估的目标导向必须服从于学校的办学方向，体现人才培养导向。要全面贯彻党的教育方针，坚持教育为社会主义现代化建设服务、为人民服务，把立德树人作为教育的根本任务，培养德智体美全面发展的社会主义建设者和接班人。这是对高等教育育人目标的具体要求，也是今后一段时期高等教育的基本遵循，为高校办学水平评估指明了方向。坚持教育与生产劳动和社会实践相结合，坚持理论学习、创新思维与社会实践相统一，是大学生成长成才的必由之路，是党对教育的根本要求，突出了实践育人工作的重要性和紧迫性。坚持实践育人符合教育规律，符合大学生思想道德素质形成规律，符合大学生成长成才规律，是我国高等教育的性质和根本任务决定的。实践育人环节是高校实现人才培养目标的重要途径，是高校人才培养特色的集中体现。实践育人的本质是通过实践教育活动帮助学生将接受理论教育获得的知识转化为能力、精神、品格，是人才成长的决定性因素，其出发点和落脚点都必须放在提升学生的综合素质和能力上。在办学水平评估中体现实践育人的目标导向，把实践育人纳入高校人才培养的整体架构来考量，在评估目标与目标设计上，强调能力为重，着力提升学生的能力和综合素质。

（三）把实践育人的教育思想纳入评估

办学思想是价值观念在学校办学、治校、育人目标上的体现，是一定的教育思想与学校实际办学条件在办学目标上的反映，是党和国家教育方针在高校办学实践中的具体化。高等教育办学思想反映了高校对"培养什么样的人、如何培养人"的根本认识,是办好人民满意高等教育的基本遵循,因此,将实践育人的教育思想纳入办学水平考核体系显得十分重要而迫切:把实践育人的教育思想体现到学校办学思想的考核评价指标中。

评估办学思想要体现教育促进人的全面发展理念。教育是促进人的全面发展的根本途径,实践育人是一种基于提升学生能力和素质的人才培养模式,能促进大学生全面发展和可持续发展能力的提升。受教育者既是教育过程中最主要的实践主体,同时又是最重要的价值主体。从这个意义上讲,教育与社会实践相结合,就是要凸显实践育人在育人体系中的重要位置,就是要突出人在教育中的地位,将人的全面发展看做教育的最终目标和终极价值的体现。基于这样的认识,在办学思想评估中体现教育促进人的全面发展的理念,可以说是较好地继承了教育要与生产劳动相结合的教育思想,是对构建高校思想政治教育实践育人新模式的有益探索,既突出了实践环节在人才培养中的重要作用,又凸显了人在教育中的主体地位。

评估办学思想要有理论与实践相结合的理念。知行统一、手脑并用强调了知与行、学习与实践的辩证统一关系,既是中国传统教育思想的组成部分,也符合马克思坚持理论与实践相结合,将主观世界改造和客观世界改造紧密结合的基本要求。坚持理论和实践相结合既体现了党的基本教育方针,也是新时期新阶段重要的育人思想。社会实践"受教育、长才干、作贡献"的总体要求是与高等教育规律和人才成长规律高度契合的,因此成为"教育与生产劳动相结合"的新途径和新领域。再次,确定实践育人的指导思想,要确立实践育人在高等教育中的重要地位,将实践作为大学生学习知识、提升自我、服务社会的重要手段,将实践育人作为高校教师科研教学的重要平台,将实践育人作为相关政府部门与企事业单位的业绩考核之一。

(四)把实践育人的硬件建设纳入评估。

要完善教育投入机制,进一步明确各级政府提供公共教育服务职责,完善各级教育经费投入机制,要根据国家办学条件基本标准和教育教学基本需要,制定并逐步提高区域内各级学校学生人均经费基本标准和学生人均财政拨款基本标准。"实践育人作为国家教育改革发展的重要目标和重要内容,应当也必须纳入经费投入和硬件建设的范畴。

考核实践育人课程建设。课程建设是保证教学条件和严格教学管理的第一要素,在考核指标中要纳入实践教育教学课程建设情况考核。实践教学课程内容包括实验实习、毕业实训、社会实践和毕业设计（论文）等，也包括军事训练、形势政策教育和创新创业等。军事训练、形势政策教育和社会实践活动这些内容是否作为必修课纳入人才培养方案和专业人才培养是重要的考核方面。同时还要考核课程的学分和教学时间保障，对于实践教育教学课程学分进行规定，例如，不少于总学分（学时）的百分比，军事技能训练的时间，学生在校期间参加社会实践活动的时间等。

考核实践育人的基本设施。实训基地、实践基地和实验室等教学基本设施是开展实践育人工作的重要保障，教学条件建设是学校办学水平考核的重要指标。在教学基本设施考核中，重点考核实践教学的条件建设，具体内容包括教学实验室、理工科实训基地、教学实践基地、思想政治教育实践基地等建设情况；从整体数量和经费投入上考核学校对实践育人的投入，衡量学校是不是真正重视实践育人工作；从人均占有率（人均占有面积）方面考核实践教育教学条件是否能满足工作的开展。

把实践育人的指标纳入高校综合性评价体系。教学效果直接关系到人才培养质量的高低，是高校办学水平评估的核心指标。实践育人是提升教学效果和人才培养质量的有效路径，必须将实践育人的实效体现到教师教学效果的考核中。教学考核应包括学生基本理论与基本实践、创新精神和实践能力等。学生基本理论与基本实践考察要改革理论考核的评价方式，改变以往以闭卷考试为主要方式、理论基础知识为主要内容的考试方式，设计开放性问题、探索性实验考核方式，全面考查学生运用专业知识解决实际问题的能力。对于创新精神与实践能力的考核，应注重学生参加创新创业类竞赛和大学生科技活动等方面的获奖情况等重点内容。

第五章　高校实践育人机理分析

实践育人机理是指，在实践活动过程中大学生社会要求的思想政治素养形成和发展的活动原理，对大学生实践育人过程的深入分析，为揭示实践育人机理奠定了基础。但是，社会实践育人过程是一个复杂的教育过程，它既是学校教育的延展、课堂教学的延续，同时，还是大学生进行自我教育的过程，在这些教育过程中，大学生认识的发展、思想品德的发展、心理发展、矛盾的化解等实践育人过程各环节的发展过程、转化程序、作用大小都不尽相同，因此，要对育人机理进行深入分析，还要从大学生在实践活动中接受不问教育形式的视角和维度进行思考。

第一节　大学生实践活动的复合性

实践育人结构是指，实践活动中在不同教育形态下对大学生施加教育影响的不同教育形式，相互联系、相互作用或排列组合的方式。对实践育人结构的含义可以从以下四个方面把握和审视：①实践育人过程中大学生受到来自各方面的教育影响；②不同形态、不同形式的教育，对大学生施加不同层面和内容的教育影响；③不同形态、不同形式的教育影响相互联系，相互作用，按照一定方式进行排列组合；④大学生在整个实践活动中的不同阶段、不同时间和空间，接受不同的教育影响，并共同推动着自身思想的转化、价值的形成、行为的构建。明确实践育人结构，对于深化大学生实践活动相关研究，探究实践育人机理具有重要意义。

大学生实践育人机理我们是肉眼所看不到、用数据也是难以推理的。但是，按照系统论的观点，我们可以将想要知道的育人过程视为"黑箱"，把实践育人机理作为需要揭示的黑箱加以研究。这是因为，虽然实践育人过程略显复杂。但这些问题不是孤立存在的，而是存在于某种线索上的问题链，破解问题的关键在于找准问题链上的原发性问题，即应当从实践活动活动实施的输入端查找问题。这样可以使分析问题的思路变得清晰。而在输入端原发性问题中的关键因素是育人形式，即对受教育者施加教育影响的形式。因此，研究实践活动过程的育人结构是打开"黑箱"的第一把钥匙。

实践育人实效性的取得不是靠教育者或受教育者单个作用的发挥，而是在社会组织、学校，教育者和受教育者及其他因素相互联系、相互作用的基础上实现的，也是依据不同教育形态，不同教育形式相互联系、相互作用，按照一定的方式和规律组合排列共同对受教育者施加教育影响的结果。

因此，从整体上对实践育人过程进行研究，分析实践活动过程中不同教育形态、不同教育形式及其组成结构、相互作用原理，有助于教育者厘清不同教育形态下，不同教育形式在整体育人过程中的作用，从而有针对性地选择教育形式，把握各自特性设计教育内容，使不同教育形式发挥最大育人效能，最终实现增强实践活动有人实际效果的目的-

一、大学生实践育人过程具有复合性

（一）大学生实践活动是学校教育和社会教育的统一

教育学认为社会教育与家庭教育、学校教育共同组成教育的三种基本形态。大学生实践活动中受教育者接受来自学校、社会两个方面的教育，即可理解为实践活动是包括课堂教育在内的学校教育的延伸和深入生活实际的社会教育。就学校的课堂教育而言，学习内容通常可以划分为理论内容和实践内容，两者都具有鲜明的实践性。理论内容是人们实践经验的总结和升华，它来源于实践、接受实践的检验并指导实践活动。而实践内容显然是以实践活动的形式进行的教学环节，除了教学内容本身的实践性外，教学内容设置和展开的价值、目的、归宿也体现出实践性。学习理论是为了实践，而进行实践活动是为了巩固理论知识，是理论学习的进一步延伸，两者是辩证统一的。学校教育的根本任务就是通过教学活动来培养人，这种教学活动除了课堂教学之外还体现在包括实践活动在内的有组织的各类教育教学活动。大学生实践活动将书本知识同生产、生活实际相结合，弥补因社会阅历不足所造成的实践知识的缺乏，并不断调整自己的知识结构，拓宽知识面，加深对课堂教学内容的理解，使所学知识得到充实、全面，把所学知识应用于实践。这种实践活动在教育者统一组织下进行，具有鲜明的计划性和组织性，所以实践活动是学校教育的延续。

从广义上看，只要是有意识地培养人，并促使人向社会要求的方向发展的社会活动都可称之为社会教育。从狭义上看，社会教育是指"由政府、公共团体或私人所设立的社会文化教育机构对社会全体成员所进行的有目的、有系统、有组织的教育活动"。广义上的社会教育涵盖面宽泛，基本把所有教育形式均纳入其中，即凡具有教育属性的事物都视为社会教育。而狭义上的社会教育，从教育主体来看，又过于狭隘，认为只有由政府、公共团体或私人所设立的社会文化教育机构施加的教育才能称之为社会教育。

大学生社会实践要解决的不仅是受教育者能力素质的提升问题，核心是人的思想问题，即育人的问题，主要任务在于使受教育者实现社会化。大学生是身处社会中活生生的人，并不是抽象的，因此解决他们的思想问题，需要从具体的人的实践活动为出发点。学校教育如果说大部分时间和空间发生在学校校园，那么实践活动活动作为一种教育形式则是在广阔的社会环境中进行的，是一种社会教育。由此可见，大学生实践活动既是学校教育同时也表现为社会教育形态，具有学校教育与社会教育相互联系、相互作用的统一性。

（二）大学生实践活动是组织化教育和自我教育的统一

大学生实践活动的学校教育和社会教育的统一性结构，充分体现出教育者的主导型、创造性和超越性。教师将实践活动活动作为思想政治教育的有效形式统筹规划，积极主动地组织实施教育活动，确定实践教育目标，把握教育活动规律，根据学生实际指导大学生制定活动方案、计划，针对具体情况进行指导，设计、规划的实践活动目标、形式、内容、要求等，立足大学生思想道德现实又超越现实，引导大学生形成和发展与社会要求相适应的思想道德素质。尤其在实践活动初始启动阶段，教育者把开展实践活动所需要的理论知识、思想品德规范传授、灌输给大学生，用一定的思想观念、道德规范等对大学生施加有计划、有目的、有组织的影响，使大学生产生内在思想提升。其中，教育者的教育是矛盾的主要方面，居于主导和支配地位，而大学生的思想政治素养状况，是矛盾的次要方面，居于能动和从属地位。由于教育者的主体性更为明显，施教过程的组织性突出，因此这一阶段是一种组织化教育。

在实践活动实践过程中，作为受教育者的大学生全程参与，这种参与是实践活动的必要和充分条件，大学生同样扮演着教育的承担者、发动者和实施者的角色，所以受教育者也是主体，具有对实践活动的主导性。例如，在实践活动中受教育者选择合理的活动形式和方法，参加实践活动，并对实践活动的主题和思想进行总结。活动中的教育过程，不仅有理论知识，而且有情感、意志、信念和自我意识因素在发挥作用，这些因素在大学生身上得到充分体现，并且影响着实践育人过程。教育这个概念，在广义上就是对集体的教育和对个人的教育的统一而在对个人的教育中，自我教育是起主导作用的方法之一。实践活动教育就是一种主体改造客体，同时主体自身也得到改造的社会活动，在这个过程中大学生既是教育主体，又是教育客体，因此实践育人过程也是实现自我教育的过程，是一种自我教育。

教育的根本特点是其在文化传递、继承过程中的师授性，他控性。自我教育与此不同，自我教育根本特点是人对知识文化继承吸收的自控性与自授性。前者从社会整体出发，而后者则从社会个体着眼。在实践育人过程中，组织化教育具有明显的师授性，他控性，而在具体的实践活动实施过程中，大学生的自控性与自授性逐渐显现。完整的教育，体现在组织化教育向自我教育转化，这也是教育取得成效的关键。这一转化过程包括了两个层面的转化，即教育方式由外在教育向内在教育的转化和教育者对受教育者的要求向受教育者内在需求的转化。因此说，实践活动是组织化教育与自我教育的统一。

讨论自我教育过程，不能忽视的一个因素是自我的存在形态，即"小我"和"大我"。"小我"即个体，"大我"就是集体、群体。既然如此，自我教育也就包括了个体自我教育和群体自我教育。目前，从组织形式上大学生实践活动活动一般包括有组织的团队和个人进行的实践活动两种形式。大学生个体在实践活动中进行着个体自我教育。团队形式的实践活动，目的性、计划性、组织性强，相比受教育者个人单独开展实践活动具有一定的优越性，在团队中受教育者受到来自团队内其他成员的影响，并同时影响着团队其他成员，进行着群体自我教育。

群体是相对于个体而言的，它们之间存在着相互依赖、相互作用的关系。人的本质并不是单个人所固有的抽象物，在其现实性上，它是一切社会关系的总和。在社会生活中每个人是一个单个个体，所有个体又组成了一个大的群体。毫无疑问，个体存在于群体之中，离开了群体个体无法生存，也不能称为社会学意义上的人类个体。群体能为个体的发展创造条件和环境，促进个体的全面发展。群体是由个体组成的，个体也影响着群体，群体力量的形成和实现依赖个体力量的发挥。只有组成群体的所有个体能够积极发挥作用，群体的力量才能得以实现。群体是多种多样的，每类群体的性质、结构、作用和活动方式各不相同，有明显的界线，但实际的交往使群体内的个体有着共同的目标，从事着共同的活动。在实践活动中，群体性的自我教育对于大学生的全面发展具有重要的作用。无论是由教育者根据某种原则划定的团队，还是大学生自发组成的实践团队都是一种群体，在这些群体里个体意识和群体意识能相互影响，因此只有将个体自我教育和群体性自我教育结合起来，才能促进教育工作的不断深化。

（三）大学生实践活动复合型育人结构

综合以上分析可以看出，大学生实践育人过程，不是单个教育形式发挥作用，对大学生施加教育影响的过程，而是不同教育形态、多种教育形式共同发挥作用的教育活动，是一种复合型教育。大学生实践育人结构从教育形态而言，是学校教育和社会教育相统一的复合型结构。就施教（教育实施的主体或组织者）系统而言，实践活动是组织化教育、群体自我教育和个体自我教育三种教育形式相统一的复合教育过程。

二、大学生实践活动复合型要素的关系

（一）学校教育与社会教育的相互作用关系

人的社会化，人的成长、成材，是师塑和自塑的结合，是内外因共同作用的结果。只讲外因的外塑论和只讲内因的内塑论各有其片面性。学校教育与社会教育从理论上分析，固然有着形态上的不同，但是在育人过程中，它们之间又存在着统一性与互补性。在社会不断发展和进步的历史趋势下，社会教育影响着受教育者的思想政治素养向社会要求的方向发展。从这一角度看社会教育与学校教育的目标是一致的，学校教育与社会教育目标统一于受教育者思想品德的形成与发展。但是，社会教育的计划性和组织性与学校教育相比还不够鲜明和突出，社会教育的实施主体是社会，具体来说就是不同的社会组织，对于参加实践活动活动的大学生来说，实践活动期间主要是接受实践活动当地的社会组织及相关社会成员施加的教育影响。一方面，无论是学校教育还是社会教育都是在社会环境中发生的，尤其是实践活动教育中大学生身处生动的社会环境，来自社会施加的教育影响是在学校教育中无法获得的，实践教育补充了学校教育的不足。大学生参加实践活动活动接触的社会组织中政府机关、企事业单位、街道社区、乡镇村组，这些社会组织及成员不同程度、不同方式对大学生施加教育影响，而这些教育影响受社会经济政治状况、价值体系、组织文化的影响，既有积极的教育因素也有消极的因素。积极的一面将成为学校教育的有益补充。另一方面，实践活动作为学校教育的延续，其严密的计划、严格的

组织实施，是其他教育形态无法比拟的，而这样的教育影响使大学生对自身所需的思想政治素养在理论上实现认识和掌握，这种理论教育具有系统性、规范性、完整性、递进性等特征，这也其为在实践中践行奠定了基础，使其成为社会组织所实施的社会教育的必要补充。

（二）组织化教育和自我教育的相互作用关系

组织化教育是实践育人过程的起点，也是重要基础。组织化教育主要通过引导，对受教育者进行思想政治素养教育。教育者对受教育者灌输社会要求的思想政治素养内容，在此基础上引导、指导受教育者认知、践行社会要求的思想政治素养，使受教育者发展并形成教育者所期望的思想品德。离开了教育者的引导，受教育者的思想政治素养的建构会成为盲目或是偏离正确方向和目标的自主建构。自我教育一开始就伴随着引导教育而展开的，引导教育是自我教育的前提，自我教育是引导教育的延伸和继续'，自我教育的高度自觉性是引导教育的目的，从发生学的角度看，个体的自我教育能力是在外部引导教育的影响下形成和发展的，同时自我教育能力的发展，又增强和巩固了引导教育的效果。实践活动过程中以教育者引导为基础和前提，受教育者在实践活动中进行群体自我教育和个体自我教育，从而形成社会所期盼的思想政治素养。由此可见，实践活动中组织化教育是包括群体自我教育和个体自我教育在内自我教育的基础和前提，而自我教育的发展程度对于增强和巩固组织化教育成效起着重要作用。组织化教育的成效将推动自我教育的发展，自我教育和组织化教育相互结合，育人目标上的统一，推动着受教育者思想政治素养的形成与发展。

自我教育包括群体自我教育和个体自我教育两种形式。实践育人过程中，各种实践活动团队就是一种群体，在这样的群体里，大学生个体意识和群体意识相互转换，个体自我教育和群体自我教育相互结合，连续促进着自我教育的深化。对此可以从以下几个方面理解和阐释。

第一，个体自我教育是群体自我教育的开端。在群体中大多数成员都希望实现自我价值，而实现自我价值往往是以感染、影响、改变他人为基础的，因此群体中的每一位成员（个体）力图用自身的言行思想、行为去影响群体中的其他个体，以此类推、循环，最终实现整个群体的自我教育。实践活动期间，个体通过与群体中其他成员的比较，会不自觉地对自身的思想道德品质做出分析和有批判的评价，对照社会要求，从自身发展需要出发自觉地克服自身不足，控制举止行为，进行自我反省，实现自身发展。

同时，将内化修正的思想品德再次外化为行为，去影响周围的人；其次，群体自我教育有助于实现个体自我教育。这是因为，实践活动中实践团队一般成员人数较少并且"朝夕相处"，有利于相互交流情感，相互学习，彼此团结协作。

第二，实践中大学生身处的团队、集体，有着明确的目标一致性，由于个体对群体的归属感和认同感，一种潜在性促使着自我教育随时、随地发挥着作用。

第三，每一个团队中或多或少有学生党员、学生干部等参与其中，或存在公认的学生"领袖"，他们的一言一行无形中影响着他人，成为群体中的典型和学习的榜样，从而形成正面的自我教育。个体可以将自己的思想和行为状况与群体中的典型楷模作为参照进行判断，从而调节自己的思想和行为，达到完善自我的目的。

总之，在大学生实践育人过程中，组织化教育、群体自我教育和个体自我教育相互联系，互为补充，按照相互作用机理，有序排列组合，构成实践活动特有的育人结构，促进着大学生思想品德的转化，推动着实践活动活动的不断深化。

第二节　社会教育视角下的高校实践育人机理

大学生实践育人过程是组织化教育、群体自我教育和个体自我教育相互结合、相互作用的过程。其中，组织化教育是群体自我教育和个体自我教育的基础和前提，也就是说，只有在组织化教育的基础上，群体自我教育和个体自我教育才能发挥作用，实践活动才能取得实效。这是因为，组织化教育过程中教育者通过教授理论知识，使大学生受到教育者施加的影响，顺应新的教育环境，教育者运用指导、引导和渗透的方式，将社会要求的思想政治素养传导给受教育者，促使大学生的理解，实现社会学习中的迁移，不断增强自身的主体性，实现唤起与激发，进而积极投身实践活动。

一、组织化教育中大学生的服从与顺应

在社会生活中，作为社会成员存在着服从这一普遍行为。服从就是接受领导和权威，是习以为常的事情，是一种"自然状态"，这种类似于自然反应的状态，更像是条件反射现象。服从指人在社会规范或他人压力下发

生的符合外界要求的行为。

　　没有引导就没有社会的存在和发展。虽然不同时代、不同社会在引导的称谓、目的、方法、内容上有较大差别，但每一时代、每一种社会形态都需要对其每一位社会成员进行思想、观念上的引导，这是由社会意识的阶级本质所决定的。思想政治教育的主要使命和任务就是思想政治教育者不断把社会的"应然"要求，引导到教育对象的头脑中去，这一过程就是社会思想意识在教育对象的头脑中从无到有的过程。实践活动是教育者有组织、有计划地对大学生施加教育影响，促进大学生形成和发展社会要求的思想政治素养的过程。也就是说，在实践活动中要把大学生思想政治素养的"实然"状态提升到社会"应然"要求的水平。受教育者自发的形成社会要求的思想品德是很困难的，必须由教育者从外部进行引导，这与受教育者因身处成长发育期，致使缺乏是非辨别的能力有关。这一阶段受教育者自发地将社会要求的思想品德由"实然"状态上升为"应然"要求，显然是很困难的，还需要教育者向他们引导社会要求的思想政治素养，帮助他们理解掌握并应用。实践活动的本质在于有组织、有计划地通过实践让大学生削减和消除自身思想政治素养与社会要求之间的矛盾或缩小之间的差距，这一过程中仅通过大学生的自我教育（自发状态）是不可能实现的，需要组织化教育与自我教育相互结合、有机联系。之所以称之为组织化教育，其中教育者有组织、有计划地向受教育者引导教育内容也就变为"应然"。

　　了解在组织化教育中大学生的服从是如何发生的需要从教育内容、教育主体、教育方法，即从教育什么、谁来教育、如何教育等三个方面进行分析。

　　第一是教育什么的问题。思想政治教育的内容是一个不断从抽象到具体的发展变化过程，是一个丰富而开放的体系。在我国现阶段，思想政治教育内容以马克思主义思想的现代化与中国化为基础的，具体来说包括多方面的内容。实践活动教育中，教育的内容需要涵盖以上内容，除此之外还包括有利于大学生综合素质提升、实现全面发展的各类教育信息，开展实践活动所必备的方式方法的抽象概念，即如何进行实践活动的理论知识等，从而帮助大学生形成社会要求的良好的思想政治素养。

　　第二是谁来教育的问题。引导实质是一种教育活动，教育者在引导过程中起着主导作用。在大学生实践活动中引导、传播思想观念、道德规范的"灌输主体"包括三个群体：校园教育者、社会教育者、朋辈教育者。

校园教育者指高校教师，包含了专业教师、思想政治理论课教师、团学工作者、辅导员、班主任等师资和管理服务岗位教师。他们在教育思想政治素养知识过程中充当着核心作用。社会教育者包括在实践活动过程中大学生接触到的实践当地企事业单位、社区街道负责人等，他们在教育思想政治素养知识过程中充当着"助推器"的作用。但是，目前对"社会教育者"存在着认识不足，导致他们的作用发挥不够，迫切需要学校、社会共同构建灌输合力机制。朋辈教育者是指积累了一定的社会经验，参与组织实施实践活动活动的大学生，他们更多的是学生骨干、高年级学生、学生党员等。通过接受引导，他们已掌握了一定的思想政治素养知识、良好的思想品德已初步建构和生成，具备了实施灌输的一定条件，起到示范和榜样作用，当前这一过程还需要在教师的指导下进行。

第三是如何教育的问题。思想政治教育者与教育对象之间关系的性质，其所处思想政治教育氛围的特点对于思想政治教育者的施教活动和教育对象受教、自教活动的进行有着重要影响。而其中教育者的施教活动，实质上可以认为就是教育引导活动。但不能把这种引导理解为"填鸭式"教学方式中的灌输，也不能理解为简单的说教。实践活动组织化教育本质上就是发挥受教育者主体和能动作用，是具有情境性、互动性的灌输过程。这一过程中教育者、受教育者之间应该是一种民主平等、双向互动、主导与主动的关系。

教育者与受教育者人格是平等的，在受教育者对某种思想、观念一无所知或知之甚少却又必须掌握的情况下，单向教育是必要的。尤其是网络信息化大背景下受教育者获取各类信息的渠道增多，信息量大，内容庞杂，甚至可能出现教育者与受教育者的信息不对称的状况，如受教育者在某一方面、领域掌握的信息在数量、权威、前沿程度上，超出教育者掌握的情况。这种情况下，当然受教育者不只满足于被动地接受，应搭建起教育者与受教育者之间平等交流的渠道和平台。实践活动作为一种实践性非常强的思想政治教育形式，教育者要做到与受教育者共同参与、积极互动、优势互补，而受教育者与教育者应互相学习、互相帮助，教学相长，共同提高。在组织化教育过程中，教育者作为教育主体，在确定教育目标、制定实践计划后，应尽可能地发挥受教育者的主体性，使受教育者转化为教育主体，通过受教育者的自我教育，提升结果的有效性，这应是正确的教育过程。同时，教育者作为教育活动主导方面，应经常深入学生、了解学生，对受教育者给予经常的有效的指导、帮助，有助于大学生对教育内容的服从，从而才能提升教育效果。比如，在实践活动中学生围绕思想政治理论课教学内容，赴市县乡镇开展关于社会热点问题方面的社会调查。组织实施中面对调研主题，作为教育者的教师要发挥好主导作用，调动大学生主体能动作用。主导作用就是教师在主题的选择、实践方案的制定，团队的组建、实施过程的控制等环节中具备的指导、引导作用，主体作用则是受教育者主动地参与其中，能动地加以思考，并逐步成为教育活动的主体。基层乡镇的情况对教师和学生来讲，都是相对陌生的，教育者自身的信息资源缺乏"优先权"和"垄断权"，应将施教的重点集中在党的"全心全意为人民服务"的宗旨上，"以人为本""以人民为中心"的执政理念上，在实施解读好惠民政策的目的、意义、背景上发挥好主导作用。同时，在此基础上积极引导受教育者广泛搜集各种一手资料，现实生产生活中的实际案例，政策落地生根的生动实践作法，采取共同讨论、相互启发的互动方式，研究制定调研方案、实施步骤，撰写调研提纲，选择调研对象等，发挥受教育者的主体作用，实现将教育内容教授给受教育者的目的，从而引导大学生积极响应相关的教育要求。

二、组织化教育中大学生的理解与迁移

理解是人认识事物的联系和关系，进而揭露其本质和规律的一种思维活动。理解在不同场合具有不同的形式，理解的水平与认识水平的变化而变化。与感性认识结合在一起的理解只揭示事物外部联系，如把某一问题归入某一范畴，回答"是什么"的问题，只有与理性认识相结合的理解才能揭露事物间的内在联系，如确定事物间的因果关系，回答"为什么"的问题。理解可以表述为学习和掌握，从理解对象看，有对人和对物之分，对人的理解侧重于对人的思想、情感、心理，接近于理性认识。对物的理解更多的是认识的深入，或者说感性认识，属于学习掌握层面。在实践活动组织化教育过程中，大学生的理解也包含两个层面，一种是对教育者通过引导、渗透等方法施加的教育内容的理解，另一种是对教育者实施教育，进行实践教育的目的、意义、愿望、初衷的理解。

在大学生实践活动过程中，引导就是教育者引领受教育者形成和发展社会要求的思想政治素养，并从不正确的方向转化过来。实践活动的最终目的在于育人，这其中知识与技能、情感态度与价值观、正确的思想政治素养等多维目标相互联系、融为一体。这就要求教育者在教育引导的基础上，对大学生进行价值引导促使大学生掌握和理解教育内容。引导本身就

是一种教育手段，而它的实现还需要具体的方式方法，包括说服、指导等。教育者在实践活动组织化教育过程中的引导主要和大学生的理解统一在以下方面。

首先，引导大学生找准发展方向，充分认识和理解理论联系实际的重要性。帮助大学生明确为何实践，认识到获取知识的途径不仅包括课堂学习，更离不开实践活动，虽然两者在接受教育的方式上有所不同，但对于自身全面健康成长来说都是基本途径。

其次，引导大学生能动、自觉地参与实践活动，自主建构社会要求的思想政治素养。在实践活动组织化教育过程中，按照教育者制定或在教育者指导下，大学生自主设计实施方案、实践计划，作为教育主体参与到实践活动当中，主动建构社会要求的思想品德。这其中教育者扮演的更多是引导、组织的角色，充当咨询者，帮助大学生获得并监控自己的进步，也可以是调解者，提出问题鼓励大学生进行讨论、判别，或者是平等的对话者，鼓励大学生进行自我反省，答疑解惑。在实践、认识、再实践的循环往复中，大学生不断地积累和建构，形成社会要求的思想政治素养。

最后，引导大学生深刻认识和理解自我教育的重要性，在实践活动中深入进行自我教育。实践活动对提高大学生自我认知、培育情感、锻炼意志、坚定信念、形成良好的思想政治素养行为具有积极的影响。在鲜活、真实的社会生活环境中，在真实的生活场景面前，大学生的认识、体验不断深入，外部环境的刺激、影响，促使和帮助他们克服弱点和不足，增强他们对思想政治素养知识的积累，使思想政治素养情感得到陶冶和升华。

灌溉是促进农业作物生长的必要条件，而人们通常将青少年比喻为茁壮成长的幼苗，是需要浇灌的。我们可以将农作物生长与大学生成长看作相似过程来讨论接下来的组织化教育中的渗透效应。一般在农业灌溉中有四种方法，即漫灌、喷灌、滴灌和渗灌。漫灌是在田间不做任何沟埂，灌水时任其在地面漫流，借重力作用浸润土壤，是一种比较粗放的灌水方式。农业上的灌溉就如同思想政治教育中的教育引导，如果不注意方式方法就会像农业中的"漫灌"。也就是说，教育者一味将所有教育内容一股脑传输给受教育者，往往很难收到理想效果。喷灌、滴灌是另两种农业灌溉方法，两种技术的应用主要在于节约水资源，农业用水效率得到进一步提高。而渗灌方法是将灌溉用水输入埋于田间地下一定深度的管道内，借助土壤毛细管作用湿润土壤的灌溉方法。这种方法较之漫灌、喷灌和滴灌有很多优点，最大的优点在于大量节省水资源，极大提高用水效率。正所谓"随风潜入夜，润物细无声"，农业上的渗灌给思想政治教育带来的启示是，在思想政治教育中教育者运用"渗灌"式的教育方法，将教育内容渗透给受教育者，有助于受教育者深入理解教育内容，有益于提升育人效果。

思想政治教育中的渗透是指，教育者将社会要求的思想政治素养规范隐性的而非显性的、间接地而非直接的传导给受教育者，使受教育者在潜移默化间发展思想政治素养。由此可见，渗透具有非强制性、间接性、渐进性的特点。非强制性体现在，渗透方式不是采取生硬的方式要求人们如何做、怎么做，而是把思想观念、道德规范等抽象地理论，通过载体的传递、氛围的感染等方式，在不知不觉中使受教育者接受影响，强调让人们在思想不设防的心理状态下自然地接受教育内容，达到教育效果。比如，在组织化教育中，教育者所采取的公开招标领办实践活动项目是在受教育者自主自愿的状态下进行申报参与的，而这一过程中团队成员之间的相互配合，对所研究领域的资料收集、政策解读等就是接受教育内容的过程，或者说教育内容就渗透其中；间接性表现为，渗透式教育虽然也是利用有效载体直接作用于受教育者，但它不是公开直接体现教育者的意图，而是通过载体所承载的思想倾向，对受教育者产生影响。如在实践活动活动启动前的准备阶段，组织高年级并参加过实践活动的学生现身说法，向低年级学生介绍相关经历、收获和自身变化，用形象化的手段入手，用学生身边的故事，使大学生感觉、感知实践育人的作用；渐进性表现为，实践活动教育是一项长期而渐进作用的过程，通过引导和调动受教育者的自觉参与、独立思考，使他们在真与假、善与恶、美与丑的对比中，一步一步理解各种思想政治素养要求，达到水到渠成的效果。

迁移，主要用于学习活动，亦即学习迁移。学校教育中，不同学科专业和经验之间，存在的某种程度的相互影响为迁移提供了可能。而在实践活动组织化教育过程中，统一组织、由教育者教授的教育内容，通过教育者的引导和渗透形成的理解，与大学生在实践中的学习、经验获取一定程度存在相互影响的情况，这会涉及迁移问题。大学生实践活动中，包括知识、技能、方法、行为的迁移。知识的迁移情况是普遍现象，在实践活动中也时有发生。例如，高等数学是理工科学生在学期间的基础课程之一，通过学习高数形成的逻辑推理思维，有助于实践中对复杂问题的解决：技能迁移，再以学习数学为例，在数学学习过程中养成的用公式推导、编制小程序的解决数学问题的逻辑思维，会延续到实践中，面对现实问题，一些凭借经验解决的事情，大学生会用数学知识进行验算，寻求合理答案。

前文提到，在组织化教育中，教育者一般会用招标的方式引导大学生团队发挥主观能动性，期间渗透教育内容。招标方式需要团队成员在深刻理解相关实践主题的基础上，总体设计实践内容、任务分工、实施步骤、具体形式、过程阶段、成果预期、物质准备的各项安排等。这是大学生的一个学习过程，也是学习的内容，需要成员各负其责、密切配合，当遇到实践当地需要解决的现实问题，并且需要预判结果、科学决策时大学生可能就会按照招标知识和积累的经验进行参与，这既是一种能力的学习，也是技能迁移的表现；组织化教育中大学生接受培训，长期学习过程中养成做笔记的习惯，面对新鲜事物、新的知识，在实践活动中也会保持这一做法，这就是行为迁移。当然，按作用性质分迁移可归为"正迁移"和"负迁移"两种。正迁移指前一事物学习有助于后一事项的学习，负迁移亦称干扰，指前一项学习妨碍后一事项的学习，这就要求教育者在具体施加教育影响过程中给予引导、疏导。

三、组织化教育对大学生的唤起与激发

唤起就是直接引发受教育者接受教育的愿望，使受教育者处于一种积极地吸纳、接受、内化教育内容的状态。人的一切行为是由动机所引发的，大学生接受教育内容的行为也不例外，而动机又由需要所决定，同时需要又是个体被意识到的欠缺和不满足引起的。这种状态引起的感觉、思维、动机、意志成为追求理想的意图，这种意图引导人们通过实践活动消除欠缺状态并实现其理想。在组织化教育过程中，教育者通过教授教育内容，运用引导、渗透方式，对大学生施加教育影响，让大学生感受到自身与社会要求之间、与教育者要求之间的差距与不足，正视"理想的我"和"现实的我"之间矛盾，产生对自身的不满态度，引发现实需要，唤起并激发出提高自己的要求和愿望，通过实践活动实现自我发展的愿望随之产生。

激发的根本目的在于促进人对自身优势和潜能的充分认识，增强自信心，调动从事某项事物的积极性，大学生实践活动中的组织化教育有助于激发大学生的思想政治素养需要。大学生实践活动的核心目标是对大学生进行思想政治教育，但是目前实践育人工作从效果来看，尚不尽如人意。其中很重要的原因在于未能激发大学生通过实践活动形成思想政治素养的需要。表现在没有能够让他们体悟到思想政治素养不仅是一种约束、一种限制，而更主要的是能从中得到愉快、幸福和满足，得到自我的充分发展。因此，教育者需要通过多种手段激发他们以高度自觉和完全自律的方式去

参与其中。通过有效刺激，使受教育者把自身的意识转化为需要，进而转化为行为动机或者发现和激励受教育者的正确动机，并促使受教育者将正确动机转化为行为。组织化教育中的激发，就是激发起大学生参与实践活动的欲望和激情，提高他们实践中接受教育、增长才干、锤炼品格的主动性和积极性。从目标、内容来看，组织化教育有助于受教育者实践动机、兴趣的激发，思维能力的激发、问题意识的激发、探索精神的激发和知识应用意识的激发，等等。

在组织化教育中，教育者首先要激发受教育者的意识。将教育内容传递给受教育者，这种传递最有效和直接的方式便是实践活动的课程化建设。系统的实践活动课程有助于受教育者了解掌握进行实践活动的目的意义、相关要求、实施步骤、方式方法等，奠定知识储备基础。只有在此基础上，才能创造出激发其他方面的可能；其次，激发受教育者的思维。发挥教师的主导作用和大学生的主体作用，采取讨论、互动等师生共同参与的交互方式，浓郁平等的教与学的氛围，从而激活思维。激发受教育者的积极参与的落脚点在于受教育者是否产生对实践活动的浓厚兴趣，形成动机，尤其是具体行为，而这种行为表现在实践活动各个环节、阶段，受教育者带着思考的参与。可以认为，受教育者思考的越全面、越深入，越能够开发其潜能；再次，激发受教育者的动机。教育者利用课堂教学、有组织的培训、具体实践、个别谈话、讨论等形式，帮助大学生形成满足社会要求的思想政治素养。大学生通过这样的教育引导，思想层面有了新的认识，虽然这一认识有可能只是表层的、并不深刻，但动机已被激发，无论强弱、深浅、多少，要进入社会就要具备社会要求的思想政治素养的意识得到树立，进而把对思想道德规范的遵从逐渐从他律转变为自律，从视为约束与限制，变为自身的主动追求；最后，激发受教育者积极践行思想政治素养。组织化教育最大的特点在于施加教育影响的系统化、组织化、递进化。也就是说全面、系统、有组织地、循序渐进地对受教育者施加教育影响。正因如此，在组织化教育中，往往教育者参与整个活动过程，指导受教育者的实践活动，有目的、有意识地向受教育者施加影响，要求他们在实际生活中践行向他们教授的社会要求的思想政治素养。在具体实践中，受教育者会体验到融入社会、走向社会，必须要践行教育者灌输的、社会要求的思想政治素养，循环往复，从而激发大学生积极践行思想政治素养。

实现对大学生的激发需要教育者运用一定的方法和手段。实践活动中要根据实际情况以及每个人的特点和思想状况，因时、因事、因人、因地制宜地采用适当的激发手段，充分调动学生的积极性，朝着有利于教育者设定的激励目标发展。目标激发是指在组织化教育中，就是根据大学生的知识储备基础，设定实践活动任务要求，使他们明确自身的前进方向，并向实现这一奋斗目标而努力。这里所说的目标包括两个方面的内容，一方面是教育者要求或帮助受教育者所设定的实践活动的工作目标，即实践方案所确定的工作内容，包括调研要求、实践活动具体任务等，还有就是教育者要求或期望受教育者所达到和践行的综合素质能力、思想政治素养，如团队协作精神、意志品质、吃苦耐劳的品格等。这些目标的确定有效激发受教育者为之努力的积极性，激发潜能，形成行为动机。运用这一手段应注重目标的针对性、适度性和阶段性。针对性就是要根据大学生思想、心理、自身能力方面的差异以及实践活动实施的难易程度进行设定；适度性则指，目标要视大学生的具体情况和能力而定，做到"猴子跳起摘桃"的效果，既不是触手可及，也不能高不可攀；阶段性就是说，在教育者的指导下，实践活动的目标设定应分为总体目标和阶段目标。实现"由易到难，步步为营"，将整体目标分解为若干个子目标，这有助于通过完成一个个子目标来接近总目标，从而逐步坚定大学生完成总目标的信心。政策激发是指一方面通过思想政治理论课，党团课、专题培训、入学教育等环节。以理论学习、宣传教育和思想政治工作等形式，使大学生感性上认识、理解实践活动的重要性，激发大学生参与实践活动的积极性。这一方法也可在实践活动进行过程中适时进行。另一方面，教育者可通过制定相关制度、政策，提出具体要求、激励措施，来提升大学生的积极性。情感激发是指人是有情感的，情感交流是人们交流的需要，是自我尊重和互相尊重的需要。实践活动本身就是一种交往实践，在实践过程中包括指导教师、实践活动当地的工作人员、人民群众，甚至是共同参与活动的同学、同伴主动与大学生交流思想，谈心交心，以情感人，都是进行激发的有效方法。榜样激发是指榜样的力量是无穷的，有了榜样，人们学有方向，赶有目标，会时时受到激发。榜样激励就是用榜样表现出的思想品德感染、影响、鼓励受教育者，使之形成优良品德的方法。在实践活动中运用榜样激发应注重榜样的选择、运用的形式和时机。其中，一方面要选择现实生活中的成功案例、学生心目中的学习楷模，如业绩和声誉良好的企业或企业家、带头致富的农民、创业典型，默默无闻、无私奉献的普通劳动者。另一方面，也要选择大学生身边的榜样，如高年级的优秀学生代表、有突出事迹的实践团队等。对现实生活中榜样的学习，可结合实践活动采取赴当地参观调研、现场实习、座谈交流、沟通采访等形式进行。对身边的榜样可采取与榜样共同开展实践活动、先进事迹报告会、交流座谈等形式进行。

第三节　自我教育视角下的群体实践育人机理

在某种意义上，群体生活是大学生活的象征。大学生年龄相近。具有共同的成长发展愿望与目标,而学习、生活的组织形式,以及个体的性格、喜好等因素导致大学生聚集在现实群体,如班级、宿舍、社团、兴趣小组,甚至是网络各种群体中,如微信朋友、QQ 群、微博以及各类短视频平台的兴趣爱好圈子。实践活动团队、小组就是一种群体的存在形式,大学生实践活动中的群体自我教育主要在这些团队中发生,且主要通过团队成员之间的从众与感染效应、示范与模仿效应、合作与冲突处理等来实现育人目的。

一、大学生实践活动团队成员从众与感染效应

从众行为是指，在从众心理的作用下，当个体发现自己的意见和行为与群体不一致或与群体中大多数人有分歧时，会感受到一种压力，这促使个体服从大多数人的意见，采取与群体一致的行为。造成从众行为的原因主要包括：

第一，"少数服从多数"的行为规律。表现为群体中个体对多数人的行为给予信任，服从多数人的意见。例如，低年级学生看到高年级学生开展志愿服务活动也踊跃报名参加，其原因之一就在于从众心理的作用，

第二，"恐惧"等心理压力因素的影响。在一个团队内，谁做出与多数人不同的意见、行为，谁就会涉嫌"背叛"，会招致其他成员的孤立，甚至受到惩罚。为避免这种心理压力，个体会出现从众行为，此时个体的态度、意见、行为同别人一致，随之会有安全感。如在学校的学习生活中，经常遇到这种情况，教育者做出的决定、阐述的内容，即使有可能存在问题或是错误信息，却没有或很少有受教育者去反驳的现象发生。原因在于，在受教育者眼中，教育者更有经验、更具权威，担心"反对的声音"会给自己带来不利的影响和后果，在权衡各种因素后，受教育者会采取从众的做法。实践团队中，其他人都在按照预先确定的方案开展社会调查。只有一个人无所事事、走马观花、不完成任务，就会引起同伴的反感，这种反感

甚至厌恶，在言语、行为中会有所流露，该个体在众人的影响下出现恐惧心理，从而产生从众现象，改变态度和行为。

第三，心理确定性需求的影响。从人的心理来说，对待任何事物始终存在确定与不确定两种情况，在满足人的心理确定性的条件下，因为情况是确定的，从众现象就不会发生。如果情况是不确定的，从众现象就容易发生。例如，有的大学生并不清楚实践活动的流程，态度也不够端正，但经过观察后看到团队中的其他同学都在认真按照计划、方案去践行，也就改变态度认真实践了。

从众在这里只是表象，让受教育者认知、理解、感受教育内容，还需要感染效应的作用。感染就是个体对某些心理状态无意识和不自觉的易感受性，是人和人在交往中，普遍存在的相互影响的心理方式和心理变化的过程。感染通常产生于群体之中，在某种情景中群体成员产生情绪的交流、传递，引起情感的共鸣，全体成员共同感受同样的心理状态，然后在其控制和维持下发生大相径庭的行为。与从众发生条件相反的是，感染是在无压力的条件下产生并呈现无意识特征。其中，无压力就是个体没有感受到来自群体有组织的给予自身影响和压力，无意识特征表现在，对于所要接收的信息、采纳的行为模式没有任何心理准备的情况下，只是通过某种情绪、状态的传递，无意识地接受某种信息或某种行为方式，这一过程便是"感染效应"的基本过程。感染是一种群体性的模仿，当群体成员的年龄、地位、价值观、态度等相近时，容易产生感染效应。在实践活动团队中作为团队成员，大学生的年龄、地位、价值观念、需要等趋于一致，感染也容易发生。团队成员积极向上的精神面貌，良好思想政治素养所表现出来的向上向善状态，在全体成员中多方向传播，多层次相互强化，致使感染效应发生，从而实现大学生之间的相互教育。

二、大学生实践活动团队内部的示范与模仿效应

示范就是做出某种可供大家学习的典范。其中"示"即把事物摆出来或指出来使人知道，如告示、表示、指示等。大学生个体的差异性和多样性会使得思想政治教育的开展难以满足每一个大学生的内心需要和情感需求，而由差异性所决定的人的思想品德的层次性，也决定了大学生群体中必然存在具有示范意义的人和事，正是这些具有典型意义的人或事示范、引导大学生提高思想认识、规范自身行为。

社会学习理论认为，人的学习都是通过观察、模仿等社会学习的形式

进行的，而且通过对榜样示范的模仿学习可以缩短人们认识世界，形成某种行为习惯的时间模仿是有意或无意的对某种刺激做出类似反应的行为方式。模仿之所以发生，可能是因为本能，可能出于适应新环境的需要，也可能是是经过思考后的选择。

模仿是比较普遍的一种社会现象，也是在一定群体中的群体成员的心理现象。模仿者模仿他人的行为，总是会选择自身所需要的、能够得到好处和收获、自己所希望实现的行为，最低限度是对自身无危害的。人不能模仿他人的内隐心理。只能是对于外显行为进行模仿。例如在实践活动团队中，成员中一般包括学生党员、学生干部。他们在学习、交流、沟通、适应、组织等各方面能力较之普通学生有一定的优势，容易成为被模仿的对象。团队成员对他们的模仿更多集中在语言表述、沟通交往、工作态度、待人接物等具体行为上，而与情感相伴随的快乐、恐惧、忧伤等是无法模仿的，因为情感是由内外刺激而引发的个体内心体验，没有相关的刺激体验，相应的情感也就不可能产生。换句话说没有快乐的体验，就无法模仿别人的快乐。因此，模仿他们的思想政治素养是通过模仿他人所具备的社会要求的思想政治素养而表现出来的行为。从这一角度来看，在实践活动团队中，确定和选取优秀的团队负责人显得尤为重要。

好奇、适应、取得进步是模仿的心理动因。在日常生活中，因好奇而模仿的现象十分普遍，看到一个新奇的行为，模仿着去做，会得到一种心理上的满足。在实践活动团队中，低年级的大学生看到高年级、有经验的学生党员、干部的实践内容、形式、方法后会产生好奇心，从而形成模仿。心理上的适应体现在，人在遇到困难的时候会感到焦虑，同时又会产生摆脱困难、消除焦虑的动机，如果某个人的行为能使人摆脱这种困难，他就会成为别人模仿的对象。以实践活动活动形式——就业见习为例，一方面通过就业见习为今后就业积累经验是大学生参加实践活动的目的之一，鲜活的实践活动能够感受现实职场中战胜各种困难的实例，成为大学生模仿的对象和事物；另一方面，团队中的成员由校园走向社会，适应能力和经验不足以及知识上的差距造成在过程中遇到各种各样困难在所难免，这期间榜样的作用对于战胜困难、实现目标作用明显。每个阶段的进步都是受教育者全面发展历程中不可或缺的，换句话说，每一次的进步都是实现大学生全面发展的环节和积累，而这种进步离不开对榜样的模仿，因此取得不断进步是个体进行模仿的关键内因。具有高尚的品德、渊博的学识、过人的能力的人，可以成为其他人模仿的对象，他们的性格、风度、生活方式和举止行为，也往往成为模仿的内容。这种模仿，是由模仿者希望获得被模仿者那样的成就，成为被模仿者那样的人的动机所驱使。实践活动团队的指导教师、团队开展活动当地的工作人员会容易成为这样的被模仿者，这就是取得进步心理动因的具体体现。

三、大学生实践活动团队中的合作与冲突处理

实践活动团队是群体的一种组成形式。一方面，没有合作就没有团队，更不可能产生实现共同目标的群体行为。另一方面，因个体差异、个性层面的差异等，团队成员一定程度存在学习能力的强弱、认识水平的高低，致使他们产生矛盾，甚至发生冲突。合作、矛盾、冲突以及化解过程构成了育人过程。

合作，是指不同的个体为了共同的目标而协同一致，促使某种既有利于自己又有利于他人的结果得以实现的意向和行为。合作是人类生存的必要方式。实践活动中的团队合作表现在：团队成员根据实践活动目标、任务，结合各自实际，按照一定原则进行科学、合理的分工团队成员在实践活动各个阶段、步骤的分工合作；在组织实施过程中，团队成员会遇到各种具体问题、困难时的相互团结、帮助和合作。团队中的合作培育着大学生的协作意识、责任意识和团结互助精神。

既有合作，必有矛盾。在任何一个团队中矛盾的产生都是不可避免的，矛盾也同时促进着事物的发展。这里所说的矛盾是由于人与人之间的差异和分歧而产生的矛盾，当矛盾激化时便以外在冲突形式表现出来。冲突是两个或两个以上主体基于对客体所期望实现的结果或处置方式互不相容、互相排斥，从而引起的心理上、行为上的对立。实践活动团队中的冲突主要表现为对团队其他成员观点的不认同，进而产生分歧。如对实践活动如何进行规划设计、确定时间地点、实践内容的选择，具体实践中的观点、行为的不一致都有可能产生矛盾而引发冲突。这里所指的冲突，主要表现为言语上的争执甚至争吵，行为上的离开团队还是留在团队等。

矛盾、冲突的发展演变的结果无外乎两种：一是矛盾得以化解，二是矛盾被激化。实践活动团队内部的矛盾和冲突往往是以化解告终，冲突化解方法包括：提升团队负责人的个人素质和能力，使其发挥调和者的作用，使矛盾、冲突双方实现"双赢"；通过讨论沟通、交流，"以理服人"；针对矛盾产生的原因，剖析根源，寻求冲突双方诉求平衡点；指导教师运用权威去化解，等等。在团队中矛盾、冲突产生的原因大多是围绕实践目标的实现，因为矛

盾是事物发展的动力和源泉，所以矛盾、冲突化解的过程也是育人工作推进和发展的过程。在冲突化解过程中，大学生可以通过寻求解决方法，提升解决复杂问题的能力和处理人际关系的能力，并促进学习能力等综合素质的发展。另外，化解冲突就是将自身认为正确的事物让对方接受，这其中的前提是自信，这种自信来自学习、实践能力的提升和综合素质的发展。

第四节　自我教育视角下的个体实践育人机理

自我教育的聚焦点就是大学生个体，无论是教育者的施教、社会教育还是群体自我教育，都是要以大学生个体的受教活动为目标和本质，即使在群体自我教育中组成群体的每个个体才是自我教育活动的本元，可以说个体自我教育是实践育人过程的最终归宿。探寻个体自我教育机理，对于准确把握实践育人规律，进而以此为遵循，有针对性地提出改进措施，对提高实践育人效果具有重要意义。

讨论实践活动对大学生的教育机理，就是看人的思想政治素养的形成与发展原理，归根到底在于深入到大学生的内心世界，了解他们的认知、情感、意志、信念等因素的变化发展状态。而大学生心理内在的知识、情感、信念、意志诸要素又是如何辩证运动、均衡发展，由知到行的呢?这其中必然有社会作为中介，即在生动的实践期间，社会环境影响着大学生知、情、信、意的发展变化，而催生这种发展变化的是若干内在心理过程。这些心理变化过程包括体验与筛选、验证与认同、改变与转化、反省与纠错、强化与升华等，它们相互联系、相互作用、相互影响、相互结合，促进着社会要求的思想品德的形成与发展，并完整表现了个体自我教育机理。

一、大学生在实践活动活动中的体验与筛选

体验是指主体亲历，做过或遭遇某种事情并获得相应认知和情感的活动，它包括实践和心理两个层面。实践层面的体验，就是主体通过各种活动、行动亲身经历某一件事情。亦即主体不经过任何中介而直接与客体相互作用的行动。它又分为两种情形：

一种是主体自我角色体验，即主体以自己在生活中实际扮演的角色亲身经历某件事情，从事某项活动，如在实践活动活动中，大学生在田间地头、公益活动中参加劳动，在亲身体验中加深对劳动的认识和情感。

第二种是他人角色体验，即受教育者把自己置于他人的位置上，按他人的角色规范行事，亲身经历从事某种活动，如大学生担任社区干部助理，进行整理档案、接待来访、化解邻里纠纷等岗位体验。心理层面的体验，就是对他人因某种不利状况所引起的痛苦、忧伤、烦恼或积极状态所引发的快乐、欢喜、愉悦等情境，个体进行知觉、理解、体会，并引起相应的情感共鸣的过程。心理层面的体验对于个体思想素养的发展起着十分重要的作用，只有当个体通过心理上，感受他人的心理变化才能理解他人，产生与他人相一致的情感，有了这种情感转移体验，个体才易于表现出相应的道德行为。如大学生在敬老院福利院照顾孤残人员，体会他们的艰辛、孤独、痛苦，进而会促使大学生假设自己或自己的某位亲人是残疾人，产生心理体验，由此深入思考如何对待弱势群体。在实践中大学生体验社会要求的思想政治素养，从而亲身经历，形成直接经验。

对于大学生在实践活动中获取的信息并非都是所需要的，也并非都是有益的，所以对各类信息的筛选也就变得非常重要。既然是筛选，也必然会存在筛选的依据或标准。筛选标准反映了受教育者的需要，是受教育者需要的观念化的产物和结果，同时是以往生活实践的产物，反映了教育成效。就实践育人的内容而言，大学生所要筛选的就是有助于社会要求的思想政治素养形成和发展的知识、体验、信号，并成为他们的践行对象。根据个体需要进行的筛选从技术路线或者说方法上来讲，要经过比较来实现。也就是说，人们在筛选过程中以满足自身需要为前提，同时面对同类或相似事物，依据一定的参照点进行比较，这个参照点可以是他人，也可以是自己。如走进厂矿企业的大学生开展就业见习过程中，对围绕市场需求、创新驱动发展的优秀企业和故步自封、缺乏动力、停滞不前的企业进行对比筛选，从而明确了适应社会、成长发展的方向。

二、大学生在实践活动活动中的验证与认同

一般情况下，筛选之后需要验证。就验证方法而言，自然科学中有计算验证、实验检测等方法，而在社会科学领域主要是依靠亲身经历、亲身感悟，包括观察、感悟、体会等。这其中由于主体对验证对象进行验证过程必须付诸具体实践和行动，因此可以认为是一种行动验证。开展实践活动活动的目的之一就是理论联系实际，通过实践活动验证课堂上所学的理论知识。例如，思想政治理论课对中国特色社会主义市场经济的介绍与阐释，大学生通过实践活动亲历其中，对现实进行观察，验证知识要点；实

践活动活动中社会要求的思想政治素养的验证也是一种行动上的验证。还以担任社区助理实践活动为例，大学生在帮助社区工作人员化解家庭纠纷、邻里矛盾过程中，亲眼看到、亲耳听到这种现象带来的后果，假设了解纠纷和矛盾产生的原因在于社会公德缺失或家庭暴力、未尽孝心等所引起，就验证了社会道德、家庭美德的重要性。通过验证，受教育者加深了对教育内容的理解和掌握，明确了自身努力方向。

验证的教育信息，需要进一步的心理过程——"认同"。认同即自愿地接受他人观点，使自己的态度与他人的态度相接近。认同主要是情感成分在起作用，由于喜欢认同对象，因此愿意和其保持一致。也就是说，认同是个体基于喜欢某人或团体。具有成为与某人一样的愿望，从而采取相同的行为。认同是多维度和多层面的有机系统，体现在既有自我认同、民族认同、社会认同、国家认同等不同种类，也有政治认同、制度认同、文化认同、价值认同等不同层面，但其中核心和本质上是价值认同。实践活动中通过比较筛选，根据自身需要大学生经验证的思想品德内容，能否转化为自己的倾向和喜好，要看是否生成了价值认同。社会主义核心价值观建设仅仅依靠口号式的宣传是远远不够的，还不能做到深入人心。虽然 24 个字的口号相对容易记忆，但要准确认识、理解内涵和意义，还需要深入培育和践行。对于大学生来讲实践活动是这一过程的重要平台和载体。例如。走进现实生活。大学生亲耳听、亲眼看，感受"文明城市""文明乡村"、精神文明创建活动给城市带来的巨大变化，充分理解"文明"作为国家层面价值倡导的缘由所在。

三、大学生在实践活动活动中的改变与转化

将情感认同的事物同自身已有的信念、价值观等结合在一起，再给予理智的辨别，作出是非判断，便形成认知性成分占主导的态度。态度的形成与改变，归根到底源于实践。人的社会态度的形成和改变过程也是个体实践活动经验的积累过程。实践活动可以形成态度也可以改变态度。可见，丰富的实践活动是正确的社会态度形成和错误的社会态度改变的有效途径。认知成分的思想、情感、观念、行为等之间的失调促进着人的态度改变。大学生观察了解到现实社会生活对人的社会产生能力、素质、品德的要求和自己已有的能力、素质、品德并不协调，具有一定的差距，从而导致心理上的不愉快，产生紧张感和压抑感。这种感觉将会成为心理驱动力，促使个体想方设法减轻和消除这种不协调状态。使认知重新协调起来，这就

是态度改变的过程。关于态度改变的学习理论认为，接受新的信息刺激可以改变态度，但是亲身参与信息传递，即实践活动会引起更大程度上的态度改变。高校思想政治教育的重要内容就是引导大学生坚定中国特色社会主义道路自信、理论自信、制度自信和文化自信，但是要想让大学生了解在中国特色社会主义理论指导下改革开放 40 多年来取得的伟大成就，单纯以思想政治理论课及日常说教等，略显乏力，而通过实践活动，大学生亲眼看、亲耳听到城乡面貌的日新月异，国家综合实力、人民生活水平的大幅提高，其产生的震撼力和说服力是巨大的，促进大学生态度的改变，对中国特色社会主义的认同内化为信念、价值追求。目前。一部分大学生在高考志愿填报过程中，因对学科专业缺乏了解，职业生涯规划尚未形成，存在所录专业并非自身理想中的专业，入学后对专业不感兴趣，学习积极性不高的情况也非个案，而结合专业学习的实践活动能够一定程度改变大学生学习态度。例如，在就业见习活动中，大学生在生产经营一线，感受专业学科领域在实际中的应用，体会专业知识学习的重要性，产生专业自信，从而学习态度得到改变。

思想观念决定了人们对待事物的态度，而态度的改变反过来又会促进思想观念的转化。思想转化的过程使感觉、知觉、情感、兴趣、态度等非社会意识形态范畴的心理表现形式逐渐形成"观念"，并以世界观、人生观、价值观等形式表现出来，反映着一个人的稳定而持久的信念，属于社会意识形态范畴。实践活动的育人作用很大程度体现在思想观念的转化。随着实践活动的深入进行，大学生对社会所要求的思想政治素养从认同到态度的改变，逐步形成相对稳定的价值观念。就其机理而言，思想转化是人自我认识、自我肯定、自我否定、自我改变的矛盾运动过程。也就是说，思想的转化是伴随自我意识的矛盾变化而产生的。个体在自我意识时，会产生"理想的我"和"现实的我"，即将"我"这个统一体以主观和客观认识为依据分解为"主体的我"和"客体的我"，正所谓"在理想和现实之间徘徊"，因为存在理想与现实的差距，会导致主体和客体的矛盾运动，当主体的我否定客体的我时就会产生自我意识里的矛盾和斗争。这期间，"主体的我"以社会要求的思想政治素养、社会评价或模范榜样人物或事物为参照和标准。指导"客体的我"趋向目标，即趋向主体的我，从而达到自我统一，引发思想和行为的变化。并且这一过程循环往复，推动思想的不断变化和发展。主体对自己的实际水平较为准确的认识只有在活动中通过反馈并加以调整才能办到。因为只有在实践活动中，主客观的矛盾才能发生，自己的真实水平与自己所认为的自我所具有的水平的矛盾才暴露出来，为自我所认识。以社会工作专业学生为例，部分大学生入学时并不喜欢该专业，学习动力也不足，但通过在社区、敬老院等公共服务机构的实践活动，伴随实践活动的深入，专业技能优势有效展现，促进他们热爱生活，寻求服务乐趣，增加专业自信。对所学专业从不了解、不喜欢，直到认可、喜欢、专业精神逐步树立，这一过程就是思想转化的集中表现。

四、大学生在实践活动活动中的反省与纠错

反省即内省，是指个体对自身的活动予以审察，并以心理活动作为对象。受教育者对自身进行反省就是指，受教育者连续、深刻地对自身已有的认识、观念或态度、结论以及它们的形成过程，严肃、周密地进行再思考并批判性的提出质疑，重新获得认识和思考。实践活动中大学生的反省体现在以下三个方面。

第一，有助于创造性精神的培育，大学生通过带有批判性地思考，思想会更加解放，思路得以开阔，理解趋向深刻，创新意识得到激发。

第二，这种创透性精神和思维，大学生是从教育者那里不能直接学到的，必须经过教育者的引导和指导，通过实践感悟来形成，从而有助于大学生独立思考能力的提升。

第三，反省是一个经常反复的过程，不是瞬间、偶然的体会和感悟所能实现的，它需要大学生持续、反复、深入地思考。这一过程要求他们具有冷静、沉着的心理状态，从而促进认识、观念的不断完善。就实践活动活动过程而言，大部分时间里大学生进行的是个体自我教育，期间会经常性地对自身的思想认识、情感等进行反思，反思的对比参照物就是社会要求的思想品德规范。其过程是查找自身差距，结果就是正视差距，寻找自身的提高。例如参观纪念馆、烈士陵园，亲耳听艰苦卓绝的革命战争年代的故事，观看烈士遗物，了解生平事迹，接受精神上的洗礼。这一过程能够有效引导大学生坚定理想信念，鞭策大学生奋发成才，促进大学生自我反省。反省自身在安逸、舒适的学习生活环境中的表现，反省自身的价值观。这种反省能够有效促进改正自身错误认识，达到修订目标的目的。

一个人发觉自身的错误，便会对产生错误的原因进行省察，并设法进行改正、受教育者在反省的基础上认识到自身思想上的错误将进行纠错。纠错是人思想发展的重要手段，人们在认识客观事物的过程中，必然会存在或多或少的误区和错误，而为了降低误区和错误发生的频率、次数，就

需要在思想上不断去纠正错误。错误的发生原因是多种多样的，实践活动活动过程中大学生错误的发生主要体现在自身非社会要求的思想政治素养的形成与发展。导致大学生错误发生的原因，一是世界观、人生观、价值观的信失；二是知识的缺陷，即陈旧的知识、不合理的知识结构；三是来自家庭和社会环境的影响。大学生的成长环境不同，相关知识的掌握程度不同，思想政治素养的形成发展的程度也会有所区别，进而导致错误的产生；四是由大学生注意、记忆、想象、情感、意志、气质、性格等非理性活动方面造成的错误；五是因思维模式造成的错误。错误的思想政治素养无利于大学生的健康成长，必须在反省的基础上进行纠正。

五、大学生在实践活动活动中的强化与升华

缺点和不足得到了纠正和清除，使大学生自我教育得以深入运行，此时需要已经形成和掌握的思想政治素养巩固下来，得到进一步强化。强化是一种内在的愿望而不是外在的强迫，确切地说，这种强化是贯穿在个体自我教育的过程始终，呈现由弱到强的发展趋势。通过实践活动大学生将已取得的成果与先前设定目标进行比较，从而判断取得的成果是否达到甚至超越了预期目标，进而产生自信心、成就感等积极地心理体验，在肯定自己的能力和努力的基础上，会产生自我满足或自我批判。自我满足会使自我行为得以巩固和保持，使自己感到自己的行为有一定的价值，已被社会承认，激发自我更大的信心和兴趣，自觉地向既定的目标迈进。自我批判则对自己的某种行为给予否定和惩罚，使之减弱或消退，及时地转向正强化的方向。自我强化可以强化心理的有利方面，也可以抑制心理的不利方面。很多一年级的大学生都是出于新鲜、好奇的心态和试一试的打算参加实践活动的，从最初对实践活动意义、作用的模糊不清、不屑一顾到认识不断加深。自我积极性逐步提高，往往到报名、组织团队时都会踊跃报名参加，这就是思想政治素养强化的一种直接表现。例如在关于环境保护的社会调查中，通过走访各类企业，加深了对高污染、高耗能、高排放对生态环境造成的严重后果的认识，对"绿水青山就是金山银山"有了深刻的理解，进而不断深化调研成果，提出改进意见、建议，积极参与环境保护的具体实践和宣传教育，这是一种内在愿望而非外在强迫，是心理强化过程。

自我强化促进着思想政治素养的发展，而真正实现内化于心、外化于行，促进自觉接受，到形成习惯还要进一步升华。升华的一般解释是比喻

事物的提高和精炼。大学生通过实践活动充分认识到自身实际水平和社会要求，也意识到离社会要求到底有多远，从而迈向把一种水准较低的冲动转向水准较高的活动，达到提高和精炼。知识、情感、意志、信念、行为等心理因素中缺少任何一个因素都难以形成完美的思想政治素养，受教育者思想政治素养的形成过程，实际上是他们的知、情、意、信、行几个因素得以平衡发展的过程。在实践活动中，从验证到强化，反映了大学生由知到行的思想政治素养发展过程，但知识、情感、意志的生成还不足以决定具体行为，信念才是其中的关键一环。信念是以自我强化为基础的，而其巩固和发展的过程便是升华，信念的升华才标志着教育者所期望社会所要求的思想政治素养的形成。如开展乡村义务支教的大学生，在乡村教师教育教学"三尺讲台"的切身体验中，感受他们的辛劳，同时孩子们的天真烂漫和对认识乡村之外精彩世界各种信息的如饥似渴，以及"授人以渔"后的获得感，促进着他们情感上的变化，并形成继续前进的动力，在这一动力的驱使下，大学生经过态度改变和思想转化，反省自己的原有价值追求，奉献基层、服务社会的信念逐步增加，并随着进一步强化得到升华。有大学生通过实践中的心理变化过程，达到人生观、价值观的升华，从而有效促进行为上的改变，决定人生道路，到基层，边远地区工作。

除此之外，升华效应促进着大学生思想品德的发展。随着个体自我教育的不断深化，大学生思想政治素养的进一步强化，能够有效促进个体将受挫后产生的怨恨、痛苦、悲伤等消极情绪转化为发奋图强、自强不息的积极情绪，成为自己行为动力的一种心理效应，即升华效应。在大学生实践活动过程中，大学生暂时脱离相对简单地校园生活、单纯的人际关系，远离师长的呵护，置身真实的社会环境，纷繁复杂的社会环境使个体遇到的不仅仅是成功和顺境，还不可避免的遭遇到失败和逆境。而在逆境中正是个体进行自我教育和自我磨炼的最好时机。升华效应可以帮助大学生以积极的态度对待失败，通过对行为的反思吸取教训、调整目标、激励行为，将失败的痛苦化作巨大的行为动力。目前来看大学生最现实的目标之一就是顺利就业，谋求好的职业岗位，而实践活动中当大学生看到实际社会生活激烈竞争、看到自身与社会实际需求的差距，会产生挫折感、消极情绪会自然产生，但同时又促进大学生正视自身不足和差距，进而磨炼意志、勤奋学习、不断提高自身综合素质，激励自己的行为，产生升华效应。同时越接近目标往往跨越的难度越大，付出的就越多，而这时目标更加清晰，奋斗目的愈加明确，大学生认识到自身是什么情况，社会要求是什么情况，这也是升华的一种表现。

从体验到升华，各个心理过程相互衔接，逐步递进，螺旋上升、循环往复。但在特定情况下，受社会环境的影响、实践的深入以及个体差异等因素作用。不同的大学生个体可能会跨越其中的某个或多个心理发展变化过程，而直接进入更深层面。

第五节　社会教育视角下的大学生实践育人机理

大学生实践活动活动作为思想政治教育的重要形式。不仅是学校教育的延伸，同时又是一种社会教育。良好的社会教育有利于大学生思想政治品德的形成与发展，有助于增长才干、发展能为，实现大学生的社会化。那么，在实践活动过程中，社会教育是如何发挥上述作用的，帮助大学生实现社会化的原理何在，这些需要教育者深入思考。

社会性是人的根本属性。人是社会的产物，没有人也就没有人类社会；离开了人类社会，人也就谈不上是真正的人。这也就决定了人的社会化既是必要的，也是必然的。社会化既有社会对个体的文化教化，也有个体对社会的调节适应，是个体与社会其他成员之间的互动过程。受教育者通过共同参与，进行着广泛和大量的社会互动，推动着大学生社会化进程，既然实践活动活动是一种教育过程，是思想政治教育形式，这就决定了教育要求与受教育者思想政治素质发展之间保持适度张力的规律同样适用。按照这一规律，受教育者思想政治品德发展水平并不能与社会要求保持完全一致，通常会存在一定差距，而弥合这个差距的过程就是社会化过程，也是接受社会教育的过程。

实践活动过程中，大学生通过社会观察与社会学习、自我评价与社会比较、角色引导与意识发展、社会认同和社会适应等过程达到认识的提高、思想的转化、行为的改变，形成和发展着社会要求的思想政治品德，促进着社会化进程。

一、社会观察与学习视角下的实践育人

实践活动中，大学生将对社会要求的道德规范、社会知识进行学习和掌握，而其基础是社会观察。人们的思想、情感与行为，既受到行为实践的影响，也要受到其观察经验的影响。而通过观察他人所表现的行为及其

结果是一种替代性学习，这种学习就是观察学习。走进现实生活，各种社会现象、社会关系、社会政治经济文化活动、社会不同成员的行为及行为结果映入大学生眼帘，通过这种近距离的观察，获得的信息将影响他们的思想、情感及行为。通过自我调节大学生积极地对观察到的外部各种信息、刺激进行筛选、加工、重组、转化，进而调节自己的行为，达到社会学习的目的。

社会教育中的观察学习，就学习内容来看，包括社会要求的政治要求、伦理道德、行为规范和行为方式。从学习过程来看，分为四个主要的组成部分，即注意、保持、复制和动机过程。在实践活动过程中，大学生与实践当地的社会成员会经常在一起，在观察基础上引发大学生对他们的注意，启动学习行为。这期间，大学生自身能力水平、价值观念、态度定势等以及社会成员的个性特征、行为规范及其表现出来的生动性、复杂性都会直接或间接影响注意过程。在保持过程中，大学生将观察到的社会成员的行为转换成记忆表象，进而再转换为相应编码存储在头脑中，对学习者以后的行为起指导作用。接下来，大学生作为观察者将复制社会成员在社会情境中的实际行为，并对自己是否能够成功地实施某一行为形成主观判断，得到肯定的主观判断将会引发相应的行为动机。动机过程贯穿于观察学习的始终，因为它是推进行动的内生动力，所以会引起和维持人的观察学习活动。在整个实践过程中，通过注意、保持、复制过程，大学生在以往与他人某些行为上的对比中生成的强化效能促进着行为动机的产生。

二、社会角色引导与意识发展中的实践育人

所谓角色，是指与一定社会位置相联系的行为模式，是占有某一社会位置的人应有的行为表现。这也就决定了人具有与角色行为相适应的心理状态。角色反映了社会对一个人的要求和期望，呈现出鲜明的社会性。人在社会生活中扮演着各种角色，在不同阶段、不同环境中角色也不尽相同。作为大学生，在家庭里是子女，在学校是学生，走上工作岗位后还要扮演所在单位、企业中的角色。人的社会角色的确定，一定程度上取决于社会意识。人的精神世界是在与自然界的相互联系中才得以存在和发展的，只有在同外界环境进行信息的交流中，才能形成意识。虽然社会环境不能机械地决定人的社会意识及其发展，但社会环境引起的外部矛盾就可以间接地成为社会意识发展的驱动力。在社会教育中，社会现实时刻向大学生提出新的要求，并成为社会意识形成和发展的驱动力，促使大学生不断从外

界选择与获取信息，推动他们的思想认识和道德品质不断地更新和变化，形成对社会的意识。随着社会意识的形成与发展，大学生对社会身份所要求的相应的心理状态趋于熟悉、趋向认同，社会角色定位日渐清晰，并为弥合实际存在的差距，为所希望获得的社会身份而努力。

从幼儿到青年这一成长过程中，大学生长期生活在家庭、校园中，接触社会在时间和空间上都极其有限，来自家庭和学校的教育者所施加的教育影响重点关注的是他们的智育发展水平，这对于他们社会意识的发展并未提供直接的借鉴和促动。同时，对于多数大学生来讲无外乎在家庭是子女，在学校是学生，单一的社会角色影响着他们社会意识的形成与发展。而实践活动过程要求大学生必须扮演新的社会角色，适应现实社会要求，不断更新的外界信息促使大学生社会意识的发展。比如，在工厂、企业进行就业见习形式的实践活动过程中，工程技术人员需要具备的能力与素质，不同岗位对从业人员的具体要求，上下级之间工作关系的处理、同事之间如何合作建立和谐关系等，对大学生意识、思想和观念产生作用和影响，促进他们社会意识的形成，引导自身角色定位。

三、自我评价与社会比较视角下的实践育人

自我评价是人对自己的社会地位、道德品质、心理特征、智力水平、知识结构等的判断和估价。大学生在实践活动中，对照社会要求和社会组织、社会成员表现出来的角色需要，对自身的差距有了正确的认识，进行着有效的自我评价，从而查找缺点和不足，确定努力方向。现实社会生活中，因缺乏社会性评价的绝对标准，更多的时候自我评价具有相对性，会受到自身与他人之间比较过程的影响，而这种比较是状态的比较。将自己的状态与他人的状态进行对比以获得明确自我评价的过程，就是社会比较。

实践活动中，大学生进行社会比较的对象就是在实践活动活动期间注意、观察、接触到的其他社会成员。通过社会比较，大学生进行的自我评价一般有三种情况。

第一种是自我评价高于客观实际。此时，自身会产生满足感，表现出较强的自信心。但是也会随之产生骄傲自满的心理，进而影响着社会教育效果。

第二种是自我评价低于客观实际情况。此时，自己会嫌弃自己，产生自我否定的态度体验，表现出自卑感，进而影响着社会教育效果。例如大学生跟随教师到企业开展科技帮扶，但看到先进的工艺流程、高效的生产

理念、全新的技术手段、一流的机器设备，与自己所掌握的有较大差距，技术岗位要求和自身实际距离很大时，容易产生消极状态。

第三种是自我评价符合客观实际情况。此时，自己对自己做出了真实客观的评价，既看到了自己的价值，自己的优点和长处，也发现了自己的缺点和不足，进而明确奋斗目标和方向。例如实践活动过程中，在创业企业开展考察学习类的实践活动，当了解到效益良好、具有一定规模的企业创始人是年龄与自己相仿、大学毕业后随即创业的青年人时，会与他们在教育背景、学习经历、知识储备等方面进行比较，如发现这些取得成就的年轻人创业前的经历、观念、思想与自身相似时便会有创业的冲动和渴望。由此可见，自我评价与社会比较对于大学生自身社会化具有重要作用。

四、社会认同与社会适应视角下的实践育人

人成为"社会人"的核心要义是社会适应。这种适应不仅体现在对社会宏观经济政治文化环境的适应，同时由于人生活在社会大环境中的某个小环境里，且这个小环境从空间上更加具体、生动，从时间上相对较长，并呈现出一定的稳定性，因此对这种小环境的适应对于社会化更加重要。在社会学中这种小环境称为"亚社会"，亚社会也称次社会，通常指相对于宏观意义上的大社会而存在的直接社会环境，有时也指对应于较大社会背景存在的较小社会背景"生活中的亚社会包括学校、机关单位、企业、社区村镇以及各类社会团体，等等。人实现社会适应的重要因素之一是得到社会的持续稳定的支持和引导，这一过程需要建立在一定的社会认同基础上。社会教育的最终目标是使大学生形成和发展社会要求的思想政治品德，其中的关键是受教育者对所处社会要有认同感。只有强烈认同感才能使受教育者自觉接受社会所要求的思想品德与行为规范。换句话说，人对社会的适应建立在社会认同基础上，而社会认同首先从对亚社会认同开始。

认同促使并决定着归属。归属感是人的基本需要之一，对人的动机和行为有着深刻的影响，归属感的强弱对自我调控和责任感有积极的影响作用。从归属对象看，首先要有能够归属的群体或者组织，即对群体的归属感，并表现为对该群体的认同、满意和依恋程度。社会教育中这样的群体包括实践活动当地单位、部门及各类社会组织，也包括学生所在实践活动团队，而这些均构成了亚社会环境。对两种团体的归属感从性质、存在状态、稳定性方面均不同。对社会组织归属感的建立有助于大学生对社会组织的认同，对社会化过程中社会角色认定。职业生涯规划，未来行业和职

业选择，起到启示、示范、抉择作用，进而促进学生有针对性进行模仿，向预设目标努力。从实践活动团队视角看，有助于未来步入社会后适应各类社会组织，直面来自群体工作和生活的压力。认同、适应、归属相互联系、相互作用、相互影响，促进着大学生社会化的实现。

社会教育中四个方面的育人机理，从相互关联上看，既存在各方面相互联系、相互作用、相互影响的递进关系，又以并行的方式推动大学生的社会化，或者说它们各自影响着社会化的某一领或、某一方面。两种关系结构共同推动者大学生社会化进程。

第六章　高校实践育人的创新发展

高校在人才培养过程中通过构建科学有效的实践育人，取得了明显的成效，并积累了丰富的经验和成果。这些经验和成果在促进青年学生成长成才、探索人才培养的科学路径和实现培养社会主义建设者接班人的教育目标中发挥了重要作用。当前，中国现代化进程日新月异、人才培养新要求层出不穷、学生个性化特点鲜明突出，时代的变化必将带来教育理念和方式方法的革新，高校实践育人应本着"因事而化、因时而进、因势而新"的原则和要求，科学把握国际国内经济社会发展新动向、高等教育发展新态势、青年学生成长成才新特点以及带来的人才培养新要求，补齐短板、未雨绸缪，不断推动实践育人的创新发展，助推高校人才培养质量稳步提升。

第一节　高校实践育人在未来社会发展中
面临的机遇与挑战

新时代开启新征程，新时代赋予我们新的使命。未来世界和我国的发展虽然变数无穷，但前景无限美好，它将给青年学生的学习、工作、生活等各个领域带来无限发展的空间和难以想象的变化，这不仅为高校实践育人工作带来新的发展机遇，更为高校实践育人的创新发展提出更高的要求和新的挑战。我们应善于把握未来社会的变化趋势，不断推动实践育人的创新发展。

一、我国为高校实践育人提供的新机遇

（一）现代化经济体系建设为高校实践育人提供广阔舞台

高校实践育人运行效果差强人意的重要原因之一就在于缺乏稳定、高质量的实践育人的平台。实践育人的基地少，在数量上不能满足学生的实践需求；实践育人基地结构单一，不能满足学生多层次的需求。随着我国经济发展方式的转变，推动高质量发展，在未来我国将瞄准世界科技前沿，

强化基础研究，加强应用基础研究；加快发展先进制造业，推动互联网、大数据、人工智能和实体经济的深度融合，支持传统产业优化升级，加快发展服务业，培育若干世界级先进制造业集群；鼓励更多的社会主体投身创新创业，大力建设知识型、技能型、创新型劳动者大军，着力培养造就一大批具有国际水平的科技人才和创新团队。同时，推进乡村振兴战略和区域协调发展战略，将不断激发全社会创造力和发展活力。未来经济发展的新趋势，在技术开发、运营推广、知识服务等每一个环节上都为大学生的实践活动广开渠道，提供了新的平台。学生参与实践的方式也将更加丰富多样，在参与实践时间上也将更加富有弹性。这些可能出现的新变化，将充分调动大学生的积极性，吸引更多青年学生主动参与社会实践活动，大学生不再以"看客"和"过客"的身份对待社会实践活动，将以更加主动的姿态和更加饱满的热情，发挥自己的所学所知，挖掘自身发展潜能，充分运用于各种各样的实践育人活动中去，为建设现代化强国的奋斗目标出力。同时，青年学生通过经济领域上的实践，能够更加充分了解社会、了解企业对大学生核心素质的要求，从而取长补短，优化自身的技能，有助于提升青年学生的综合素质和综合能力，提升自身素质与岗位的匹配度，更好地打通学生与社会的就业屏障，拓宽就业渠道，增加就业机会，从而实现自身的目标和追求。

（二）社会现代化建设为高校实践育人创新提供无限机遇

社会现代化是指人们利用近、现代的科学技术，全面改造自己生存的物质条件和精神条件的过程。社会现代化是现代化的一个重要领域，是国家现代化的重要组成部分。当前，中国社会的现代化进程正在加快。一方面，人的社会化程度将更高。随着全面深化改革的持续推进，人们逐渐从"单位人"向"社会人"转变，原有的体制归属感逐渐为开放多元的社会氛围所取代，这为高校实践育人的发展打破了体制瓶颈，使高校社会实践活动的场域更为丰富，实体领域的实践活动更为密集，虚拟实践场地活动增多，人们的沟通交流形式更为多样，交互的方式也更加多元。虚拟领域成为大学生实践的重要场所，大众传媒和互联网在深刻影响着人们日常生活的同时，也成为大学生实践参与的重要活动领域。此外，随着社会现代化的发展，要求在最广泛的社会基础上，使更多的社会成员参与对社会生产和社会生活的管理，发挥全体社会成员的主动性和创造性。在此情况下，政府和社会将组织更为开放、多元和包容的实践活动方式，提供更大的实践参与平台,满足大学生不断拓展活动领域、及时疏导解决新问题的需求。另一方面,价值观念和生活方式的变革挖掘实践育人内涵。在现代化进程中,高校发展将与经济、政治等变革相适应,整个社会和全体社会成员生活方式和价值观念发生重大转变,生活方式将更加绿色、文明、健康,价值观念将更加积极向上、更富有进取精神。如何加强对大学生理想信念、奋斗目标和行为方式的引导,帮助大学生树立正确的世界观、人生观和价值观,就需要我们不断优化实践育人现有机制,通过创新发展提高人才培养质量。

(三)社会主义文化建设为高校实践育人创新提供文化底蕴

文化自信是一个国家、一个民族发展中更基本、更深沉、更持久的力量",也是国家和民族对自身所拥有的文化价值的充分自觉与肯定,是对其文化旺盛生命力所保持的坚定信心和发展希望。中国特色社会主义文化源于中华优秀传统文化,熔铸于革命文化和社会主义先进文化,植根于中国特色社会主义伟大实践。当前,党和国家将文化建设提到了一个前所未有的高度,国家将激发全民族文化创新创造活力,推动中华民族传统文化的创造性转化、创新性发展,不断促进社会主义文化繁荣兴盛,更好地构建中国精神、中国价值、中国力量。在社会主义文化建设过程中,青年学生将以更加自信的心态、更加宽广的胸怀,广泛参与世界文明对话,在国际舞台上展现中国独特的文化魅力、更加凸显文化自信。文化自信是深化高校思想政治工作的重要基础,是开展实践育人工作的底蕴和底气。在高校实践育人过程中要注意加强价值引导,注意研究纷繁繁杂的文化现象,要在价值引导、精神内涵建设的核心环节加以设计和考量,体现实践育人的内涵建设,使大学生牢固确立起正确的世界观、人生观和价值观。我们可以想象,未来文化的繁荣和自信将促进文化资源的进一步运用和文化力量的更好发挥,这将为高校实践育人的载体和内容带来新的活力。

二、国内外形势对人才培养提出的新要求

(一)转变高校人才培养模式是建设创新型国家的迫切需要

知识经济时代需要人才,以科技为先导的综合国力的竞争,是国际竞争的一个重要特征。随着知识经济的到来和迅速发展,这种竞争将会越来越尖锐和激烈。知识经济以智力资源为资源配置第一要素,而智力资源的核心就是人才。科技的成果、知识的增多、发展都源于人才的创新,人才

是知识经济的缔造者，更是新时期国家在激烈国际竞争中立于不败之地的关键所在。人才培养是我国新时期实施科教兴国战略、人才强国战略、创新驱动战略和可持续发展战略的前提和条件。科技和教育是科教兴国战略的两大支柱，前者涉及知识的创新和应用，后者设计到知识的传播和普及，无论哪一种，都离不开人才的培养。人才培养是高校在新时期的社会责任。高质量的人才培养是高校适应时代发展、满足国家和社会发展的具体要求，也是高校自身生存和发展的基础。当前，高等教育国际化进程不断加快，高校竞争不仅是国内高校之间的竞争，更多的是世界范围内的竞争，其根本体现在人才培养数量和质量上的竞争。

（二）推进高校实践育人创新发展是提升大学生思想政治教育质量的重要内容

《国家中长期教育改革和发展规划纲要（2010－2020 年）》中指出："提高质量是高等教育发展的核心任务，是建设高等教育强国的基本要求。"高校的根本任务是培养人才，质量是高等教育工作的生命线。加强内涵建设、提高人才培养质量是我国高等教育发展的重中之重。大学生思想政治教育是高等教育人才培养的一个重要组成部分，大学生思想政治教育质量如何直接关系到高校人才培养的质量之魂、质量之本，教育质量的提升将有助于推动我国高校内涵建设与教育质量提升。教育部正在实施的"大学生思想政治教育质量工程"，把实践育人创新作为提升大学生思想政治教育质量的一项重要内容。中共中央、国务院印发的《关于加强和改进新形势下高校思想政治工作的意见》明确提出了"把思想价值引领贯穿教育教学全过程和各环节，形成教书育人、科研育人、实践育人、实践育人、管理育人、服务育人、文化育人、组织育人长效机制。"这些战略部署的提出，既为新时期全面贯彻党的教育方针赋予了新的时代内涵，也为推动高校实践育人在思想发展和育人科学路径的开拓指明了方向，提供了根本遵循。

三、青年学生个性化发展的新特点

当代大学生有着积极向上、朝气蓬勃、追求自由、个性张扬、注重自我价值实现的特点。推进高校实践育人创新发展，必须立足未来大学生思想发展和成长成才的需要。

（一）大学生主体意识不断增强

大学生通过自我探索、自我关注以及他人的评价不断提升自我认识的水平。在当今知识化、信息化和大数据时代，一种思想信息的流通就是一种思想影响源，谁也无法遏制思想信息流通的影响力。随着 QQ、微博、微信等新兴媒体的迅速发展，青年学生的思维方式、交往方式和行为方式发生了革命性的变化，他们对社会问题的认识不再单向度地依赖教育者的教育，思想认识和价值取向呈现多元化的特征，这对原有的思想政治教育机制提出了新的要求。在这种情况下，传统的"灌输"教育对他们来说已经达不到预期的效果，亟待教育者转变思想政治教育工作的理念、创新方式方法，把提升大学生的思想道德水平与通过实践活动促进他们自身发展更好地结合起来。因此，要通过高校实践育人创新发展，不断增强大学生思想政治教育的科学性、针对性和实效性。

（二）大学生成长成才的愿望更加强烈

尊重大学生成长成才的需要是大学生思想政治教育的逻辑起点，也是高校思想政治教育实践活动的基本原则。联合国教科文组织在题为《学会关心：21 世纪的教育》的报告中指出，"21 世纪最成功的劳动者将是最全面发展的人，是对新思想和新的机遇开放的人"。当代大学生都有理想人生的自我设计、自我追寻，这是青年学生对自身应然的认识而构成自己的人生理想。全新的时代需要全新的人，这是时代发展对大学生的成长成才的要求。思想政治教育要认识到创造全新的人的时代需要，承担创造全新的人的社会责任，进而创造全新的时代，这也是思想政治教育对时代的主动。

（三）大学生受外界影响更加深刻

伴随着经济全球化的持续深入发展，各类思想观点、社会思潮、价值观念蜂拥而至，与我国原有文化激烈交锋、碰撞，造成社会文化领域的多元化，深刻影响着青年学生的思想观念、价值取向和行为方式。一方面，互联网时代下成长的青年学生思维活跃，个性张扬，对社会生活中的新思想、新观点反应迅速，接受新事物能力强，功利心也强，且富有批判精神和创新意识，这就促使他们的思想行为表现出较强的自主性特点；另一方面，大学生所处的特定年龄阶段又决定了青年学生由于社会阅历尚浅、生活经验欠缺、知识储备不足、个体思想政治素质差异较大，甚至还有部分学生意志力较差，导致他们面对多元文化的冲突与交流，对社会上出现的一些社会问题和不正之风等现象缺乏深入地思考、理性地认识和辩证地分析，容易陷入困惑、迷失方向。这些社会发展中必将存在的问题，迫切需要高校思想政治教育者对青年学生在思想上予以引领，在行动上加以引导。因此，如何结合学生群体和个体发展的实际情况，引导大学生正确处理与自身、他人和社会的关系，需要对实践育人进行新的探索。要由灌输教育理念向渗透教育理念转变。实践既包括生产实践，也包括社会关系交往实践和精神实践。要改变现有只注重生产实践教育的思维方式，将实践育人拓展到精神实践、交往实践领域。要加大对实践育人内容的全面延展，实现实践内容的全面化。要实现从单一育人到开放育人的转变。加强家庭、学校、社会之间的互动，在育人目标上争取一致，在育人方法上争取互补，形成多方共同参与的实践育人格局。同时，要加强青年学生自我教育在实践育人中的重要作用，发挥其主观能动性，巩固育人成果。要加强校际实践育人经验的交流，实现信息、资源共享共建；要借鉴和吸收国外高校成功的实践育人方法与模式，促进实践育人手段的丰富和完善。

第二节　以先进理念引领高校实践育人质量提升

推进高校实践育人创新，提升大学生思想政治教育质量，是高校思想政治教育国内外形势发展变化的迫切需要，也是适应高等教育内涵式发展的必然要求，更是办好人民满意的教育和履行好"立德树人"这一根本任务的重要举措。理念是行动的先导。当前，"创新、协调、绿色、开放、共享"的新发展理念，集中体现了我国事关全局、根本和长远的发展思路、发展方向、发展着力点，是对马克思主义科学方法论的创造性运用，是对中国特色社会主义发展规律认识的深化和升华。充分体现了发展的整体性、协调性、平衡性、包容性、可持续性，既对传统发展理念进行革新升级，又对现代发展内涵进行全面提升、对现代发展外延予以全方位拓展。针对高校实践育人运行中存在的现实短板与问题，"创新、协调、绿色、开放、共享"的新发展理念正是补齐短板，提升实践育人质量的钥匙和指引。因此，推进高校实践育人的创新发展，有效提升大学生思想政治教育质量，需要以新发展理念为引领，积极开展实践探索。

一、以创新发展为动力领高校实践育人质量提升

创新发展是确保高校实践育人生命力的有效手段。高校实践育人就是以促进青年学生健康成长成才为价值追求，以实践活动为载体的教育活动，

其最终目的旨在促进青年学生的全面可持续发展，其根本任务是培养能担当民族复兴大任的中国特色社会主义可靠接班人和合格建设者。这就要求高校思想政治教育工作者与时俱进，要善于在深刻总结经验教训的基础上，根据"因时而进、因势而新"的发展要求，创新实践育人的内容、载体、方式方法，不断健全和完善实践育人，形成科学、系统、完整的实践育人体系；通过理念转变、理论创新、制度创新、方法创新和体制机制创新等引领高校实践育人工作的创新发展，有效促进大学生思想政治教育质量的提升。其中，需要把握三个原则。

一是创新的方向和灵魂不能变，即坚持中国特色社会主义的道路、制度和理论体系不能变。高校实践育人的创新要牢牢把握"立德树人"这一根本任务，出实招、求实效，将提升育人质量作为实践育人创新发展的出发点和落脚点。创新不是对已然的否定或推倒重来，而是对实然的审视和对应然的执着，是在继承中创新，不能走邪路念歪经。

二是创新的目的是促进高校实践育人工作的超越和深化。高校实践育人的创新发展在于如何有效激发实践主体的积极性，既要促进高校思想政治教育者对教育实践经验进行深刻解读和理念提升，又要促进高校思想政治教育者根据时代、教育对象和教育环境的变化，不断更新实践育人理念、丰富实践教育内容、改进实践教育方式、创新实践教育手段和载体，突破现有的瓶颈，实现实践教育的深化与超越。

三是创新的动力源来自群众。创新发展依靠的不是某个个体，也不仅仅是高校辅导员或学生精英，而是来自群众，来自广大高校思想政治教育者和青年学生，要充分调动教育者和受教育者的主体性、能动性，让一切有利于大学生成长的智慧充分涌动。

二、以协调发展为导向领高校实践育人质量提升

高校实践育人是一项协同育人工程，协调发展是高校实践育人运行过程中的机制要求。协调发展要求整合各方资源，注重发展的整体效能，避免发展中的"木桶"短板效应。这就要求高校实践育人工作要注重工作的全面性、系统性、协调性。因此，高校实践育人工作需要以"协调"发展理念为引领，积极构建和完善协同育人机制。一是高校实践育人的各项工作应该目标同向、部署同步、整体谋划、系统推进。要遵循协同育人的原则，加强学校内外实践育人力量、实践主体之间的协同；既有校内各部门、各育人平台之间的协同，也有学校与学校之间，学校与政府、企事业、科

研院所等部门单位之间的协同；既有实践实施单位之间的协同，也有实践主体之间的协同。二是统筹整合各方资源和力量，在工作队伍、工作平台、工作载体、工作渠道等多方面协同合作，形成多部门、多渠道育人合力。

充分调动各个要素的积极性、主动性和创造性，形成育人长效机制。三是补齐实践育人的短板，瞄准薄弱环节，精准发力，实现突破。协调发展并不是强调齐头并进、同步同速，而是要把握高校实践育人的发展规律和学生成长的实际情况，掌握发展节奏，宜快则快、宜慢则慢，关键是要有序、联动、协同，实现整体效能最大化。

三、以绿色发展为方向领高校实践育人质量提升

绿色发展是高校实践育人持续健康发展的必要条件。如果说创新是聚焦发展的动力，协调是聚焦发展的平衡性，那么绿色聚焦的就是发展的可持续性。用绿色发展理念引领高校实践育人质量提升，从本质上说包含了三个层面的意义：一是要将高校实践育人的内生动力与外生动力资源作为质量提升的根本要素。高校实践育人的内生动力主要是指实践主体的发展需要，在于实践主体的世界观、人生观和价值观是否正确，是否能以社会主义核心价值观引领自己的成长成才；外生动力主要是指影响高校实践育人的外部环境，如大学生思想政治教育的方向性要求、国家与社会对高校人才培养质量的供给结构性要求等。在当前的现实环境中，如何营造一个生态、良性的教育环境，促进内生动力与外生动力的协调推进，使大学生在了解认识世情国情社情民情的过程中和追求自身成长成才的过程中，坚定中国特色社会主义道路自信、理论自信、制度自信和文化自信；二是要把促进人的全面发展作为质量提升的目标。高校实践育人的可持续发展不能背离教育的本性或初衷。实践教育从内在本质上看，还是一种教育方式，就是要以人的方式，即以人为尺度、以人为目的、以人为主体开展思想政治教育实践活动；不仅需要讲究合真理性、合规律性，更要讲究合目的性、合价值性和合意愿性，要将大学生全面发展放在第一位，努力构建青年学生可持续发展的良好实践教育生态；三是要把实践活动过程和结果的"绿色化""生态化"作为质量提升的主要途径。提升高校实践育人质量，必须树立效益意识，而不是一味追求投入，要通过科学研究来分析实践主体的特征，把握实践规律、优化实践方式、提高实践效益。当然，这里强调的并不是机械地计算投入产出比、付出与收获。它强调的是准确把握实践主体的需求，使用科学的工作方法，提供高质量、高水平的实践教育服务，

达到"四两拨千斤"的育人工作成效。

四、以开放发展为重点领高校实践育人质量提升

开放发展是高等教育的发展趋势，也是大学生思想政治教育发展的必然要求。开放发展注重的是解决大学生思想政治教育发展内外联动问题。当今时代，国际化已成为世界发展的现实趋势和客观的历史进程，经济全球化、教育国际化发展迅速，社会开放程度越来越高。这既给大学生思想政治教育带来更加开放的发展环境，同时也给思想政治教育提出了更为严峻的挑战。高校要以开放包容的姿态，形成实践育人开放机制。因此，用开放理念提升高校实践育人质量应认真思考三个要求：一是要有开放的视野。无论是实践育人组织主体还是实践主体都应具备国际视野和世界眼光，关注国际经济社会形势和思想动态发展，比较借鉴国外先进的成功经验；二是要有开放的学科视域。不能拘泥于单一的思想政治教育学科，要以问题为导向，吸收和借鉴多学科理论和研究成果，积极探索跨学科或学科交叉的研究范式，不断引领高校实践育人质量提升；三是要具备开放的心态。高校实践育人不是一个闭合系统，而是一个以人才培养为核心的开放系统；它不是学校内部之间的资源循环，而是外向开放的教育体系。无论是教学实习、科研实验、社会实践还是创新创业都需要实践育人组织主体加强与外部环境的联系，加强国际合作与人才培养；因此，要借助政府、企事业单位、学校、家庭、社会等多方力量，平等参与、充分协商，共同推动高校实践育人的机制构建和平台建设。同时，在实践过程中要有宽容失败、允许试错的心态，不断调动实践主体的积极性、主动性和创新性，让实践主体的个性得到养成和彰显，这也是马克思主义关于人的发展的终极关怀所在。需要注意的是，开放中必须有坚守，具备国际视野但要牢记育人使命，具备跨学科视野但要明确学科边界，具备开放心态但要理清职责分工。只有这样，才能真正建立起具有世界眼光、中国情怀、时代特征的高校实践育人工作体系。

五、以共享发展为目的领高校实践育人质量提升

共享发展是高校实践育人的本质要求。用共享发展理念引领高校实践育人质量提升，重在解决好"由谁共享""共享什么""怎么共享"三个基本问题。"由谁共享"指的是高校实践育人的发展成果应由哪些人来共享，即共享的主体是什么。从我国现有的教育体制看，共享高校实践育人发展

成果至少应包括政府、企事业、学校、教育者、学生、家庭和社会七个主体。高等教育根本目的是向社会输送高质量的人才资源，满足社会发展的人才需要，推动社会的进步与发展。高校实践育人有助于解决"培养什么样的人、如何培养人以及为谁培养人"这个根本问题，这是每一个高等学校教育者的神圣职责和应尽义务。因此，高校实践育人既是高校全员育人、全过程育人和全方位育人的责任，更是高校思想政治教育者的价值体现或教育成就。高等教育质量的提升，事关千家万户，事关每一个就学家庭；更重要的是直接关系到社会发展需要的人才质量。因此，提升高校实践育人质量从共享理念看，正是政府、社会、企事业、学校、家庭、教育者和青年学生的共同期待。"共享什么"？很显然，我们共享的是实践育人的优质资源，共享我国高等教育的优质人才培养质量，即通过推进高校实践育人的创新发展，让实践主体共享优质资源，通过加强大学生思想政治教育，进一步提高大学生的思想政治素质，促进大学生的全面发展，把青年学生培养成能担当民族复兴大任的中国特色社会主义可靠接班人和合格建设者，确保我国在激烈的国际竞争中始终立于不败之地。"怎么共享"？就是既要搭建共享平台，确保高校实践育人的公平公正，既要积极促进高校实践育人均衡发展，缩小区域差异和校际差距；又要确保实践育人覆盖到每一位学生，政策制度、平台条件等保障机制和发展成果惠及每一位学生；又要构建实践育人共享机制。高校在实践育人过程中，应秉承"协同推进、成果共享、持续多赢"的原则，协同发挥政、企、学各方优势，整合多方资源，实现实践单位与实践主体在人才、平台、成果上的多方协同共享，进而激活各方的内生动力、迸发教育活力，共同推进人才培养质量的进一步提升。

总而言之，新发展理念是对新时期高校实践育人规律的新认识，是对新时期高校实践育人发展认识的新高度和新自觉。高校实践育人只有以新发展理念做先导，才能破解发展难题、补齐发展短板、增强发展动力、厚植发展优势，确保实践育人取得实效，确保大学生思想政治教育质量的有效提升。

第三节　高校实践育人的发展探索

实践无止境，理论研究也无止境。新时代开启了青年学生社会实践的新征程，新时代也为高校实践育人提出了新使命和新要求。当前，我们站在新的历史发展方位上，既要积极解决高校实践育人中存在的现实短板和问题，也要主动融入未来社会为我们带来的日新月异的变化与发展，更要勇于践行新时代中国特色社会主义思想。新的历史发展时期将为我们提供广阔的实践舞台，这既是机遇，也是挑战；既是青年学生的使命，也是思想政治教育者的责任。因此，我们不仅要继续探索高校实践育人的发展规律，更要深入研究高校实践育人的优化与完善，要用科学的理论指导实践，用多维度的创新推动实践。

一、多学科视角和国际化视野

高校实践育人工作将随经济社会的快速发展、人才培养的新要求和实践主体时代性的特点与时俱进，实践育人工作的推进和创新首先需要理论上的支撑和指导，这就对理论研究的创新发展提出了要求。要从多学科视野研究实践育人，改变一直以来的从思想政治工作视角研究实践育人。实践育人研究的创新既可以从学科交叉、学科融合的维度深入推进，可以将心理学、管理学、经济学、统计学等多种学科与思想政治教育学科融合，用不同的学科视角研究实践育人，进而提升机制的科学性；也可以从纵向和横向的维度研究实践育人成效。比如，从纵向维度，可以通过我国高校实践教育的历史发展来研究实践育人成效的变化，可以从中探索高校实践育人流变的规律；又可以从横向维度，比较我国与其他国家的实践育人运行情况，从国外高校实践教育的成功经验和理论体系中学习借鉴，比较我国高校之间实践育人的共性与个性、优势与不足等。高校之间既可以有不同类型高校之间的比较研究，也可以有同一类型不同高校之间的比较研究，或者根据区域分布、专业类型等不同维度进行横向比较研究。理论研究的创新发展，将为高校实践育人构建一个具有自身特点的学科话语体系和理论支撑，它既可以属于思想政治教育学科的范畴，也可以属于高等教育学学科的范畴，还可以属于心理学或社会学等相关学科的范畴。因此，需要从不同学科的研究范式中形成一种具有中国特色又有国际借鉴的高校实践教育研究体系。

二、用积极体验激发主体动力

具身认知（Embodied Cognition）理论和积极心理学认为，人的生理体验与心理状态之间有着强烈的联系，生理体验"激活"心理感觉。这就意味着，人在实践过程中其生理体验会强化主体的态度，左右主体情绪。人在实践活动中，如果自身已有的技能水平（或能力）与外在活动的挑战性（活动目标要求水平）相符合（呈平衡状态），则将引发 Flow 体验（Flow 是一种积极情绪，表现有愉快、幸福、满意等主观体验，是意识内容与自我结构相协调的状态）。研究发现，体验到 Flow 的学生往往会对参与的活动报以积极的态度，可以激发其参与活动的内在动机，并深化对活动的认识。心理学有关实践方面的理论对实践育人及机制研究提供了非常有意义的转借价值。因此，在今后的高校实践育人动力机制构建过程中，可以引入积极教育的理念，就是通过培养和提高学生的乐商（主要包括外显和潜在的积极力量），增强学生在实践活动中的积极体验，最终达成培养学生个体层面和集体层面的积极人格。这种积极体验可以让实践主体对实践活动表现出浓厚的兴趣并能推动实践主体完全投入其中。实践证明，人只有在活动中感觉快乐，才会更加主动地投入实践，才会将外生动力转化为内在要求，才能更加充分地激活自身的内生动力。积极教育是应用积极心理学原理而开展的教育活动，旨在提升学生在实践活动中的积极体验或快乐感，从而让学生产生强烈的受教激情，从被动接受教育到主动参与活动、自主设计活动和快乐体验活动的一种良性转变过程。当前，已经有更多的学校引入积极教育，尤其在中小学校已经开始打造幸福学校或快乐学校，其中的核心理念就是基于积极心理学的积极教育。理论研究的创新发展，必然会带来育人理念的更新或变革。在新的理论成果指导下，新的理念必将应运而生，高校又将在新的实践育人理念的引领下，不断推动实践育人工作向更高水平发展。高校实践育人的创新发展在某种程度上取决于实践育人理念如何更新。高校思想政治教育不仅要激励学生成为当代社会所需要的人，或对当代社会有价值的人，更要引领成为未来社会所期盼的人，对未来有贡献的人。社会现代化的前提与条件是人的现代化，需要由现代人的人格来支撑。现代人，除了通过现代意识教育而具有现代思维方式、现代思想理念、价值观念、行为方式之外，更重要的是如何拥有积极的心理，具有独立性的自由个性型的人格——自由而全面的发展、幸福而快乐的工作。因此，高校实践育人理念的更新必将始终围绕着"人"这个根本，即人的发展——人的现代化。要实现人的现代化，从本源上看，应通过积极教育，着力激活实践主体的积极因素，激发实践主体的内生动力。目前，在高校实践育人的动力机制运用中，高校更多的是发挥外生动力的作用，内生动力作用的发挥显然远远不够。因此，在实践育人创新发展中，高校必将运用更加科学有效的原理，在尊重和满足实践主体内在需要的基础上，将积极教育引入实践育人的动力机制中，刺激、调动和发挥实践主体的主体性，减少对实践主体的外部功利性驱动，注重内外动力的有机结合，引导学生潜能开发和个性的良好养成，让动力机制效能发挥到最佳状况。

三、人本化、专业化和法制化

高校实践育人的运行机制应准确把握未来社会的发展变化才能实现有效的创新。未来社会将更加注重以人为中心的发展思想，将更加注重人的自我教育机制；同时未来社会也将更多地通过科技创新，实现更大的交互平台。因此，运行机制的创新发展主要将呈现出如下特点：第一，凸显以人为本的柔性化运行趋向。我们的时代是人本时代——是人的主体性凸显的时代，是知识化、信息化时代，我们必须考虑：高校实践育人的运行主体是谁？各要素之间的结构方式怎样才合理？运行机理如何才科学？高校实践育人是具有属人性的，核心因素是人，机制的构成是人，机制的运行是人。因此，高校实践育人无论怎么发展，都需要始终坚持它的人本性，必须构建适应时代特点的因人、因地、因时、因事制宜的柔性化实践育人运行机制。运行机制的创新应该具有活性、动态性，而不应该满足于规范性、稳定性、程序性和机械性，那会蜕变为僵化的机制；最富活力的运行机制应该是实践主体热情参与的机制，只有以实践主体的积极参与为原动力的机制才是富有活力、最有教育穿透力的机制。从教育角度思考，其实"真正的教育就是自我教育"，没有教育者的教育是最好的教育。比如，既可以让学生自主设计实践活动方案，也可以由学校提供更多的方案选择，同时也可以让两者结合起来，使实践活动的参与过程更加富有人性化的特点；另外，对实践活动的评价可以更加注重学生的个性发展，让学生的兴趣、特长和潜能有更多的展现。因此，从某种意义上说，高校实践育人运行机制发展的最终目标应该是营建自教育机制，这既是高校实践育人内生动力机制的要求，也是现代思想政治教育机制的基本内涵。第二，共享机制和共享平台更加专业。高校实践育人实施运行过程中，建有资源共享机制，主要包括人才共享、平台共享和成果共享。这三个方面的共享还停留在以某所高校为主导的实践教育参与方的共享，其共享的效用和辐射面非常有限。随着互联网的快速发展和大数据时代的到来，高校实践育人建设，将在平台建设上不断创新发展。一是共享平台将突破现有的实践主体限制，将在空间和服务对象上得到更大范围的拓展。理论上的共享平台应该可以在允许的范围内都能得到实践教育资源，从而避免重复建设，将有限的实践教育经费发挥到更大的效用。比如，研究型大学的优质实践资源可以让其他类型大学共享，其结果将有助于全面提升我国高校实践育人的质量和水平。二是进一步发挥互联网平台，建立全国性的实践育人工作网络，推动思想政治工作传统优势同信息技术高度融合，实行实践主体网络注册，实践内容和运行程序网络公开，真正实现实践教育供需双方的即时对接，切实解决实践教育供给结构性矛盾。通过平台的创新发展将进一步提高实践育人动力机制和运行机制的互适性，实践主体可以通过网络平台对接以满足符合自身发展需要的实践方式、实践内容和实践时间，从而有助于激发实践主体内生动力和潜能；高校可以通过网络上的数据分析社会需求和学生发展需求，以数据的形式呈现高校实践育人的内外动力要求，有助于有针对性的调整人才培养方案；同时通过网络平台将实践育人的运行环节、运行要求、运行项目、考核标准、保障条件等公开透明，进一步增强实践主体的选择性和自主性。三是通过平台共享和网络大数据，既有助于高校分析社会对人才的具体要求，也有助于高校利用网络调查问卷、网络行为数据等技术手段，及时把握学生政治观点、思想动态、心理健康、学习状况、关注热点、生活需求等方面数据进行系统采集、动态观测与综合分析。根据大数据分析的结果，既可以帮助高校在专业培养上及时调整专业设置和课程内容，也有助于引领学生的理想信念和价值追求，有效提升大学生思想政治教育的针对性和实效性，有助于提高人才培养质量。第三，要加快打造实践育人的专业化队伍。高校实践育人要实现理想的育人成效，就需要提升实践育人的专业化、科学化水平。既需要有一支研究队伍在理论上做出贡献，也需要利用高校的多学科优势，在思想政治教育者队伍和其他专业教师中，遴选优秀人才，建设一支实践育人工作的设计师队伍，用专业知识研究、设计实践育人方式和运行模式，不断提高高校实践育人的专业化水平，以确保实践育人的科学性和实效性。第四，要加快实践育人相关立法，实现保障机制的新突破。要从国家法律层面上对实践育人工作予以保障。比如，要在法律层面通过立法对企业、家庭等参与方给予刚性的规定，对企业要以法律条文强制性规定其应承担实践育人的责任，改变因市场经济带来的逐利性消极影响困局，要通过法律明确要求企业为大学生提供实践基地、提供实习实践的机会；但同时又要通过法律明确接受大学生专业实习的相关优惠条件，如可以减免税收等。当然，法律保障的问题需要从国家层面或政府层面上来解决，高校可以从中发挥推动作用。

四、建立综合立体多元的评价体系

科学的实践育人评价机制是检验实践育人效果的总阀门。评价机制的创新发展是确保高校实践育人因时而进工作成效的关键。一是在评价方法上，鉴于实践活动的特殊性，应坚持定性研究与定量研究相结合的方法，通过纵向与横向两个维度进行比较分析。纵向维度主要指高校自身在实践育人过程中人才培养质量上的前后比较，反映育人成效；而横向维度则是通过同类院校之间实践育人成效的比较。在定性分析上可以明确一些可以固定的指标要求，包括实践育人组织机构、育人平台、实践教育课程、人才培养模式特色、学生思想道德素养等；定量研究的指标体系则可以通过具体数据进行监测，主要包括实践育人的学生基本数据、学生科研能力、综合素质发展、实践成果、条件保障等主要指标，指标要易于量化，主要评价学生培养质量的变化。量化指标体系可以通过建立数据库进行客观分析。二是要探索建立"标准+特色"实践育人标准化构建模式。标准的基本要素主要应依据如何调动动力机制和运行机制的几大要素，同时可以根据各自高校的实际情况，设定特色性指标。三是评价必须由第三方社会专业机构进行。以避免实践育人关联方因体现自身工作业绩而出现弄虚作假现象，要确保评价的科学性、真实性和客观性，评价结果反馈的及时性，确保高校实践育人工作及时完善、不断提升。另外，高校在实践育人的实施过程中，要定期开展实践主体、实践单位对实践育人工作满意度的测评，对大学生、实践单位反馈的问题要及时跟进，建立人才培养方案与专业建设改革的倒逼机制，进而健全教育质量的评价体系。

人的本然状态是人生的基点，人的本然与已然的差别反映了人曾经付出的多少。人对应然的追求状态，决定了一个人对自己人生和未来的态度。但人都有或变性，既有外力刺激引进的变化，也有内潜力爆发引起的变化，都存在内力和外力失衡的风险，存在思想行为后果的非预期性可能。如何引导人从已然状态向应然状态的高质量发展，避免中间存在的负变或然性，是高校实践育人肩负的伟大使命。当今社会处于快速变化的时代浪潮之中，"互联网+"时代的到来，人工智能技术的飞速发展，促使着生产方式的不断变革，同时也促使着人类思维方式的不断变革。生产方式的变革在一定程度上决定了社会对人才的需求，进而决定了高等教育在人才培养理念、目标、形式和内容上的变化，无疑也给高校实践育人研究带来新的命题。因此，我们要在马克思主义理论的指导下，积极探索从跨学科视角推进实践育人理论的研究，构建实践育人的研究范式。要坚持问题导向和需求导向，结合时代特征，密切关注实践育人工作中的规律性、前沿性问题。比如，高等教育国际化进程中实践活动的思想引领问题，出国留学学生如何利用所学的世界科学技术前沿知识结合国情投身国内实践的问题，智能时代高校实践育人的创新发展，高校实践育人柔性化运行的规律研究等。时代是思想之母，实践是理论之源；实践没有止境，理论创新也没有止境。我们要以新时代的豪情，以时不我待的精神，继续着力研究提升实践育人科学化水平的方法和载体，研究完善实践育人体系建设的政策和制度，不断探索实践育人规律，积极推动高校实践育人的创新发展，为提升高校实践育人质量提供理论支持和决策依据，切实增强高校实践育人的针对性、科学性和实效性。

参 考 文 献

[1] 王小云，王辉：大学生社会实践概论[M]．北京：中国经济出版社，2005．

[2] 北京志愿者协会编著：走近志愿服务[M]．北京：中国国际广播出版社，2006．

[3] 王建中，金宏章：高校心理健康教育新进展[M]．长春：吉林人民出版社，2007．

[4] 丁元竹，江汛清，谭建光．中国志愿服务研究[M]．北京：北京大学出版社，2007．

[5] 杨毅．大学生创业基础与实践[M]．成都：西南交通大学出版社，2010．

[6] 谭蔚沁，林德福，吕萍．大学生创业[M]．昆明：云南大学出版社，2011．

[7] 苏泽宇．大学生社会实践指导[M]．北京：北京理工大学出版社，2011．

[8] 民政部社会工作司．社会工作与志愿服务关系研究[M]．北京：中国社会出版社，2011．

[9] 袁媛，谭建光．中国志愿服务：从社区到社会[M]．北京：人民出版社，2011．

[10] 骆守俭．创业精神导论[M]．北京：高等教育出版社，2012．

[11] 汪歆萍．沪苏浙皖高校创业教育状况调研报告[M]．上海：华东理工大学出版社，2012．

[12] 郭建宁．社会主义核心价值观基本内容释义[M]．北京：人民出版社，2014．

[13] 刘晓东．大学生社会实践理论与实务[M]．北京：高等教育出版社，2014．

[14] 杨贤金．高校实践育人的探索与创新[M]．北京：中国书籍出版社，2015．

[15] 赵巧玲，宗晓兰．高校实践育人研究[M]．长春：吉林人民出版社，2020．

图书在版编目（CIP）数据

高校实践育人工作研究 / 王森浩，游良海著
. -- 北京 ：中国言实出版社， 2022.9
ISBN 978-7-5171-4289-8

Ⅰ. ①高⋯ Ⅱ. ①王⋯ ②游⋯ Ⅲ. ①高等学校-思
想政治教育-研究-中国 Ⅳ. ①G641

中国版本图书馆 CIP 数据核字(2022)第 163343 号

高校实践育人工作研究

责任编辑：郭江妮

责任校对：邱　耿

出版发行：中国言实出版社
　　　　　地　址：北京市朝阳区北苑路 180 号加利大厦 5 号楼 105 室
　　　　　邮　编：100101
　　　　　编辑部：北京市海淀区花园路 6 号院 B 座 6 层
　　　　　邮　编：100088
　　　　　电　话：010-64924853（总编室）　010-64924716（发行部）
　　　　　网　址：www.zgyscbs.cn　电子邮箱：zgyscbs@263.net

经　　销：新华书店
印　　刷：北京银祥印刷有限公司
版　　次：2022 年 9 月第 1 版　　2024 年 6 月第 2 次印刷
规　　格：787 毫米×1092 毫米　　1/16　　9.75 印张
字　　数：200 千字

定　　价：79.00 元
书　　号：ISBN 978-7-5171-4289-8